汽车专业高技能职业教育“十二五”规划教材

汽车美容实用教程

敏捷科技（沈阳）有限公司　组编

主　编　陈安全　王鹤隆

副主编　李　雪　张红伟

机械工业出版社

本教程详细介绍了汽车美容的基本知识和方法，并着重于实际应用与操作。从实际应用出发，根据项目教学的要求，将汽车美容项目分成若干细节注解，以先进的技巧与规范的工序，按照学习目标、基础知识、任务实施和能力拓展的方式进行编写。内容包括汽车清洗、车漆修护与保养、汽车清洗、汽车美容产品介绍及应用、汽车凹陷修护技术、纳米镀膜、汽车美容施工安全防护等。

本教程突出简明、易懂、实用，适合作为高等职业学校汽车服务专业的教材，也可供汽车服务行业和相关技术人员学习参考。

图书在版编目（CIP）数据

汽车美容实用教程/陈安全，王鹤隆主编. —北京：机械工业出版社，2012.2（2020.1重印）

汽车专业高技能职业教育“十二五”规划教材

ISBN 978-7-111-37305-6

Ⅰ.①汽… Ⅱ.①陈…②王… Ⅲ.①汽车－车辆保养－高等职业教育－教材 Ⅳ.①U472

中国版本图书馆CIP数据核字（2012）第014663号

机械工业出版社（北京市百万庄大街22号 邮政编码 100037）

策划编辑：齐福江 责任编辑：齐福江 林 静

版式设计：崔永明 责任校对：于新华

封面设计：陈 沛 责任印制：乔 宇

三河市国英印务有限公司印刷

2020年1月第1版第7次印刷

184mm×260mm · 8.5印张 · 2插页 · 200千字

9701—11200册

标准书号：ISBN 978-7-111-37305-6

定价：30.00元

电话服务

客服电话：010-88361066

010-88379833

010-68326294

网络服务

机 工 官 网：www.cmpbook.com

机 工 官 博：weibo.com/cmp1952

金 书 网：www.golden-book.com

机工教育服务网：www.cmpedu.com

序

汽车美容是指针对汽车的不同部位、不同材质，采用不同性质的美容产品及操作工艺，对汽车进行维护的新一代技术。汽车美容所使用的美容产品通常是采用优质化工原料，通过高科技手段制成的，不仅性能稳定、使用方便，而且能让汽车得到全面、彻底的翻新，并能更长时间地保持艳丽光彩。

该书以大量的图片和简要的文字，介绍了汽车美容的相关知识，涉及汽车美容工具和设备、汽车美容护理用品及材料、汽车美容安全与防护、汽车的外部美容（包括清洗、抛光、打蜡、汽车漆面美容修复）等内容，图文并茂，简单实用。其最大的特点是结合我国汽车美容市场的现状，根据专业人才培养的目标需要，着重对汽车美容工艺内容、工艺规程及相关养护产品和工具的使用进行介绍，注重实用性和知识结构的连贯性。为便于读者掌握本书的重点内容，每一单元后还附有思考题，用于检验和巩固所学的知识与技能。

伴随着汽车进入家庭，汽车正逐渐成为家庭消费的重要商品，汽车后市场方兴未艾，对专业人才的需求更是数以万计。为了更好地发展我国的汽车工业，培养出大量的本土专业人才，台湾汇丰汽车集团通过与北京交通运输职业学院的长期校企合作，真正将产、学、研结合在一起，实现生产要素的重新组合与互补，获得经济效益与社会效益的同时，自身的技术水平也得到了提高。

实践证明，企业与学校进行校企合作并回报社会，这是一项具有重要意义的公益事业，是贯彻科教兴国和人才强国战略，促进和谐社会建设的有益实践和重要举措。从学院的角度，希望以产、学、研合作关系为纽带，进一步加强与企业的合作，在产、学、研结合上取得突破，并实现学校与用人单位合作的“双赢”。除了巩固、强化现有的生产性实训基地建设（北京德众丰通汽车服务有限公司）及汇丰尚盟奖学金等的合作项目外，今后将逐步推广到建设专业实验室、改革现有人才培养模式等其他合作形式，促进学院及企业加速成长。

很高兴看到著名的专业汽车服务企业推出了《汽车美容实用教程》这本书，它是北京尚盟汽车服务有限公司和东南得利卡汽车贸易有限公司的专业汽车大师们多年工作的心得，是雄厚的汽车美容知识基础和与汽车业广泛接触的经验的结合，是难得的职业技能培训教材。

北京交通运输职业学院　李怡民

前　言

截至2011年11月，全国机动车辆保有量已达到2.23亿辆，仅次于美国的2.85亿辆，位居世界第二，因此后市场汽车美容商机很大。

本书凝练了编者在汽车后市场20多年的从业经验，收集了市场上各种新产品及设备的资讯。采用从实用角度出发的编写方式，务求让读者在短时间内抓住汽车美容的业务精髓，缩短技术培训周期，服务项目作业更迅速到位，达到降低运营成本及提升工作效率，在现有的资源下创造更大利润的目的。

本书的具体内容及特色：第一章概括介绍汽车美容业；第二章汽车清洗，让初学者及初次投入行业的从业者有一个训练员工的标准模式；第三章车漆修护与保养，教给读者车漆的修护以及保养的方法；第四章汽车清洗美容产品介绍及应用，讲的是节省人力与成本的问题；第五章汽车凹陷修护技术，让读者了解在车漆凹陷且未露底漆时，借着特殊工具的施工，也能够恢复原貌；第六章纳米镀膜，让读者了解纳米科技运用到汽车美容车漆上能达到的效果；第七章汽车美容施工安全防护，让读者了解施工安全防护的重要性，这也是目前保护环境以及个人健康的重要课题。

本书由陈安全、王鹤隆任主编，李雪、张红伟任副主编，参编有魏思毓、林智勇、曹海华、赖名峰、孙缘缘。该书在编写中还得到台湾汇丰汽车集团旗下子公司北京尚盟汽车服务有限公司、北京东南得利卡汽车贸易有限公司的鼎力支持，在此表示衷心的感谢。

主要鸣谢人员（排名不分顺序）：

谢文栋　北京尚盟汽车服务有限公司 总经理

黄德政　北京东南得利卡汽车贸易有限公司 总经理

林海清　北京蓝海兆丰科技开发有限公司 总经理

纪兴元　北京凹凸平汽车用品有限公司 总经理

赖名峰　北京凹凸平汽车用品有限公司 经理

书中若有不完善的地方，敬请汽车美容界同仁不吝给予指导与指正，不胜感激。

技术交流与合作请联系主编微信号：y20369，QQ：510242527。

编　者

目 录

第一章 汽车美容概论

汽车美容是对汽车外观与内饰进行彻底的清洁与保护。随着人们生活水平的提高，城市生活节奏的加速，汽车成为现代人必备的交通工具。汽车美容源于西方工业发达国家，由于西方的汽车工业发展速度快，竞争也十分激烈，汽车生产厂家为了提高自身汽车的市场占有率，不断推出性能优良、款式新、色泽艳丽的汽车。

汽车长期暴露在室外受风吹、日晒、雨淋、冰冻等，一方面会导致汽车漆面及各类皮革、橡胶、塑料等材料受到阳光中紫外线的破坏而褪色；另一方面会受到酸雨、废气、碳烟、尘土、泥土、鸟粪、树脂、沥青等污染物的侵蚀，在漆面上形成如同皮肤上的角质层，不但影响色泽，而且会侵蚀漆面。此外，加上错误的洗车打蜡处理，使漆面严重受损，加速漆面老化。

1994 年，汽车美容最初在我国出现，如今这个概念已被公众普遍接受，而且汽车美容中心已遍及全国各地。汽车美容是一种全新的汽车养护概念，是与一般的洗车打蜡有着本质上区别的汽车后市场服务业务。

一、我国汽车美容的发展与成长

1. 原始阶段

这一时期汽车清洗仅用简单的洗车工具如水桶、毛巾、自来水管等，只对汽车进行简单的外表清洗。而营业场所大多为路边临时建筑或露天作业。

特征：设施简陋、人员素质低、服务场所和人员流动性较大、服务项目单一，基本未纳入政府部门管理，有部分洗车仅为停车和餐饮招揽生意的附属服务。

2. 成长阶段

这一时期洗车服务门店使用的是基本的清洗工具和材料，如高压水枪、蓄水池、洗衣粉等，有相对固定的营业场所和从业人员，而且作为服务点已基本纳入了工商税务部门的管理。

特征：服务项目单一、技术要求无标准，但逐渐成长为一项社会所需要的服务业，接纳了较多的劳动力。

3. 垄断阶段

这一时期汽车美容成为各地政府部门为创建卫生城市，提升城市综合形象而采取的一项措施，在城市要道路口修建大型洗车场，拥有成套的专用设备，如清洗机、高泡机或大型自动洗车机，进行流水线作业。洗车场普遍使用洗车液，有专门的工作人员，但服务项目仍停留在外表的清洗。

特征：计划经济的产物，投入高、规模大，靠行政命令推行，因违背市场经济规律而很快消失。

4. 发展阶段

这一时期国内洗车服务门店开始接受国外汽车美容护理的基本理念，由简单的外观清洗进入车内的美容护理。洗车场有专业的汽车清洗设备，如高泡机、吸尘器、洗衣机、脚垫烤干机等，使用专业的洗车液；从业人员也具备了一定的专业汽车护理常识，并且在护理的时候，根据汽车的情况开始进行汽车内室的护理，从业者在数量上和质量上都有一个较大的发展。

特征：同行之间的竞争不仅仅比价格，更主要的是比服务质量，用优质服务去吸引顾客，赢取自己的经济收入。

5. 专业阶段

这一时期的汽车美容行业已经由专业人员进行全面防锈、护理、养护等方面的汽车美容，并开始研究顾客潜在的需求。这一代洗车场采用专业的洗车方式和科学的美容方法，规范了汽车美容施工流程，从业人员专业素质较高，一般都经过专业学校培训。

特征：企业内部有较科学的管理，同行之间由硬性竞争转为软性竞争，竭力为顾客提供享受式的服务，例如在汽车美容店配上休闲茶楼、方便购物的精品店、供顾客活动的娱乐室等，并根据情况引导顾客消费。但这种配套的、专业的汽车美容服务店在中国只占少数。

6. 现代化阶段

这一时期的汽车美容行业发展为品牌和规模化的汽车美容服务网络，表现为“绿色、环保、以人为本的个性化服务”，拥有全套专业的汽车美容技术和科学养护方式，使用绿色环保设备、绿色环保护理用品等的统一专业的施工操作流程。

特征：品牌化、规模化、现代化的汽车后服务企业正在成为汽车服务行业发展的新趋势。

二、汽车美容简介

汽车美容是指针对汽车各部位不同材质所需的保养条件，采用不同性质的汽车美容护理用品及施工工艺，除包含汽车打蜡、除渍、除臭、吸尘及车内外的清洁等常规美容护理外，还包括利用专业美容系列产品和高科技技术设备，采用特殊的工艺和方法对漆面进行研磨、平整、抛光、上蜡、镀膜及深浅划痕处理，还有全车漆面美容、底盘防腐涂胶和发动机表面翻新等一系列的保养护理。使用的产品是采用高科技手段及优等化工原料制成，它不仅能使汽车焕然一新，还能让旧车全面翻新，并长久保持艳丽的光彩。

汽车美容主要包括车表美容（汽车清洗、除去油性污渍、新车开蜡、旧车开蜡、镀件翻新和轮胎翻新）、车室美容（车室美容护理、发动机美容护理和行李箱清洁）、漆面美容（漆面失光处理、漆面划痕处理和喷漆）、汽车防护（粘贴防爆太阳膜、安装防盗器、安装语音报警系统和安装静电放电器）和汽车精品（汽车香水、车室净化、装饰贴和各种垫套）等。

我国汽车美容的迅速发展和已经存在的很成熟的一些经营模式，使近几年消费者的消费理念逐步成熟。比如，镀膜已成为汽车美容界最关注的话题，其内容包括有机硅镀膜、玻璃纤维镀膜、物理镀膜、电泳镀膜、纳米镀膜。从简单的洗车到车蜡→封釉→镀膜，国内汽车美容行业已进入一个不断升级的阶段。汽车美容养护业的巨大市场不断吸引商家进入，从而推动了整个行业的不断发展。国内汽车美容行业已经走过了起步阶段，汽车美容项目出现多样化，高技术含量将促使今后汽车美容业发展得更加迅速，美容项目的更新、美容技术的不断升级已经成为很重要的课题。

市场调查表明，目前我国60%以上的私人高档汽车车主有给汽车做外部美容养护的习惯；30%以上的低档车车主也开始形成了给汽车做美容养护的观念；30%以上的公用高档汽车也定时进行外部美容养护；50%以上的私车车主愿意在掌握基本技术的情况下自己进行汽车美容和养护。不难看出，汽车美容业在我国有着巨大的市场发展空间。

一辆汽车从购买到报废的全部花费通常只有1/4用于购车，而3/4的花费大都用于养护、美容和维修。一辆10多万元的汽车，每年用于车辆美容、养护和维修的费用保守估计达到3000元以上（未含洗车、装饰等费用）。如果按照每辆汽车年消费3000元，2012年中国各类汽车的总保有量1.2亿辆计算，汽车养护和汽车美容至少可达到近3600亿元的市场规模，汽车美容养护行业必然成为一个新兴阳光产业。

虽然国内汽车后市场随着市场的发展需求初具规模，但市场地域的分散、客户资源的有限、管理及技术的相对落后、汽车美容产品供应商的质量参差不齐、行业间的各自为政等因素，造成了同质恶性竞争加剧、汽车后市场混杂的现状。大部分汽车后市场服务业者已面临经营瓶颈。

由于汽车美容护理业具有灵活、操作简单、利润较高、风险较低等特点，因此国内的大量洗车店、汽车配件精品店、轮胎店、汽修厂及个人蜂拥进入汽车美容市场，以争得市场上的份额，致使市场竞争日趋激烈。汽车美容专业不仅要求非常高，也是一个全新的概念，所以它与一般的洗车擦车、打蜡上光等有着本质上的区别。

汽车美容业应以高质量的技术提供给消费者优质服务，让消费者可以享受到专业、一致及标准的服务。建立干净舒适、现代化且安全的专业服务门店，价格透明、定价合理、禁止任意增设收费项目，是汽车后市场汽车美容服务专业门店永续经营的内涵与理念。汽车美容业是伴随着汽车技术高速发展、消费观念的更新及汽车文化深入人心的必然产物。

三、汽车美容目的

1. 汽车美容护理是美学上的要求

汽车的外观和人的形象越来越密不可分，因此，现在人们已把视点由车辆的技术性能转移到车辆的美学角度上。汽车美容护理集清洁、除尘、打蜡、翻新及漆面处理为一体，由表及里、全面而细致地使车辆的风采持久。由此可见，汽车美容护理是车辆美的缔造，其意义不言而喻。

2. 汽车美容护理是汽车养护的客观要求

（1）汽车清洁。及时清除车身外表上的尘土、酸雨、沥青、树叶、鸟粪等污染物，保持车表清洁，防止漆层受到腐蚀和损坏。专业美容护理还能去除车表上的静电膜、交通膜、旧蜡等，使车漆露出本来面目。

(2) 车身表面的研磨。使用专门的研磨剂，对车身漆面上存在的缺陷，如氧化层、划痕、褪色、酸点、碱点等进行研磨处理，消除缺陷。

(3) 抛光及上光。抛光是消除研磨留下的缺陷，也为打蜡提供一个光滑、平整的漆面。上光也就是打蜡，为汽车面漆提供一个保护层，并给车身以光彩亮丽的视觉效果。而选择不同类型的车蜡，可以防酸雨、静电、紫外线，还有抗高温等功能，能为车辆带来无微不至的呵护。

(4) 内饰美容。在除尘、清洗的同时，采用特殊的工艺及用品，进行杀菌、除异味、除异物、上光保护、翻新修补及空气净化，让室内空间清馨、恬静。

(5) 发动机美容。灰尘、油污等各种酸碱物质若长时间附着在机体上，会使金属零件产生腐蚀，橡胶、塑料会老化失去弹性和产生龟裂等。所以要用专业的美容护理用品，清除发动机外表的一切异物且不伤害机件及橡胶塑料件，恢复其原有的光泽度。

(6) 汽车防护。汽车防护是汽车美容的附加项目，能为行车带来更大的方便。如防爆太阳膜、车门报警系统、语言报警系统、静电放电器、风窗玻璃防雾剂、防盗器等。

四、汽车美容项目类型

在自由的市场竞争下，国内汽车美容市场蓬勃发展，演变出多种品牌的汽车美容服务公司。可分为一般洗车场、加油站附设洗车场、专业汽车美容店、大卖场附设汽车美容店及汽车维修厂附设汽车美容部等五种类型。这五种类型汽车美容目前的设备、美容专业用品及专业技术人员等情况的比较见表1-1。

表1-1　五大汽车美容类型的比较

比较项目 \ 公司类型	一般洗车场	加油站附设洗车场	专业汽车美容店	大卖场附设汽车美容店	汽车维修厂附设美容部
地点及环境	不佳	尚可	部分佳	地下室空气不佳	佳
汽车美容专业人员	部分有经验但无专业	工读生居多	有部分经验但专业度不足	以招揽人员居多，施工者专业性不足	由厂内严选厂商驻厂并辅导专业认证
汽车美容设备	传统式	机械式	机械＋专业性设备	机械＋专业性设备	机械＋专业性设备

（续）

比较项目＼公司类型	一般洗车场	加油站附设洗车场	专业汽车美容店	大卖场附设汽车美容店	汽车维修厂附设美容部
汽车美容用品	较无品牌之产品	加油站统一购买	视连锁店不同而有差异	我国台湾/日本/美国为主	含英、美、日及我国台湾制优良产品
汽车美容商品	汽车及打蜡居多	免费或付费洗车居多	打蜡及美容养护商品居多	洗车及会员式美容居多	打蜡及专业美容居多
施工售后会员服务	无	无	少部分有	大部分有	大部分有
客户族群需求	方便性	价格考虑	美容成效性	价格考虑+方便性	美容成效性+方便性

而国内汽车美容店服务项目，大体上可分为车身美容、内饰美容、漆面护理、汽车防护及汽车精品五大部分。

（1）车身美容。车身美容主要包括无水洗车、精致泡沫洗车、全自动电脑洗车、中性环保蜡水精细洗车等各种洗车技术，除去锈、沥青、焦油等污物，上蜡增艳与镜面处理，漆面程序处理（如新车开蜡），轮毂、轮胎、保险杠翻新与底盘防腐涂胶处理等项目。

（2）内饰美容。包括顶棚清洗、车门衬板清洗、仪表板清洗护理、桃木清洗、丝绒清洗、地毯除臭、塑料内饰清洗护理、真皮座椅清洗、全车皮革养护、全车桑拿、空调风口清洗、座套坐垫清洗、行李箱清洁护理、全车吸尘处理。

（3）漆面护理。经常洗车可以清除车表尘土、酸雨、沥青等污染物，防止漆面及其他车身部件受到腐蚀和损害。适时打蜡不但能给车身带来光彩亮丽的效果，而且多功能的车蜡能够无微不至地呵护车辆，可以防紫外线、防酸雨、抗高温及防静电。一般漆面护理服务项目可分为氧化膜处理、飞漆处理、酸雨处理、漆面划痕深浅处理、漆面破损处理及整车喷漆。高级漆面护理项目有漆面封釉、漆面镀膜、汽车桑拿、底盘装甲、臭氧消毒、划痕修复、凹陷修护、专业真皮修护、内室干洗等。

（4）汽车防护。汽车防护的项目包括贴防爆太阳膜、安装防盗器、安装静电放电器、安装汽车语音报警装置等。汽车防护虽然对汽车的美观不产生直接影响，但却能更好地保护汽车的安全性能。

（5）汽车精品。汽车精品是汽车美容服务的延伸项目，也是一种汽车生活文化的体现，它能满足驾驶人及乘客对汽车内部附属装饰、便捷服务的需求，如车用香水、蜡掸、护目镜、脚垫、坐垫、座套、把套等的配置，能带来一种贴身的关怀，使汽车美容服务贴身贴心、宾至如归。

五、专业汽车美容与普通汽车美容的区别

专业汽车美容有别于一般洗车打蜡汽车美容，它有自身的系统性、规范性和专业性，它有特定的内涵，包括一整套作业内容、作业方法和作业标准。它实质上是针对汽车各部位不

同材质所需的保养条件，采用不同性质的汽车美容护理产品及操作工艺，对汽车进行全新的系统性保养护理。系统性就是着眼于汽车的自身特点，由表及里进行全面而细致的保养；规范性就是每一道工序都有标准及规范的技术要求；专业性就是严格按照工序要求采用专业工具、专业产品和专业手段进行操作。经过专业美容后的汽车外观洁亮如新，漆面的亮光能长时间保持，有效延长汽车整体使用寿命。

一般来说，专业汽车美容，是通过先进的设备和数百种用品，经过几十道工序，从车身、内饰（地毯、皮革、丝绒、仪表、音响、顶棚、冷热风口、排档区等进行高压洗尘吸尘上光）、发动机（免拆清洗）、轮毂轮胎、底盘、保险杠、油电路等作整车处理，使旧车变成新车并保持长久，且对较深划痕可进行特殊快速修复。专业汽车美容与普通汽车美容的区别见表1-2。

表1-2 专业汽车美容与普通汽车美容的区别

项目名称	汽车打蜡	深度划痕修复	专业汽车美容
作业内容	洗车	划痕砂平	整车细部清洗
	↓	↓ 2min	↓
	打蜡	快干原子灰	机油、飞漆、油污处理
		↓ 5min	↓
		研磨	尘粒、桔皮砂平处理
		↓ 2min	↓
		快干底漆	漆面粗研
		↓ 5min	↓
		底色漆	漆面抛光处理
		↓ 5min	↓
		罩光漆	增艳处理
		↓ 10min	↓
		清涂接口	漆面抗氧化保护处理
		全部工艺步骤约30min	↓
			持久保护层处理
			↓
			镜面还原处理
			↓
			轮毂轮胎保险杠美容
			↓
			车室细部小美容
			↓
			发动机清洗

六、自助汽车美容方案

在汽车的日常使用中，如果对它只用不养，这就容易加速汽车的磨损和老化。如果把它开进路边小棚，用破布、几桶水或高压水枪“呵护”一番，表面上把车子洗得干干净净，其实是在对汽车实行破坏性清洗。如果把汽车开进汽车“美容院”，虽然能护理周到，但花费不小。其实，最经济、简捷的美容手段可以说是自己动手，开展汽车自助美容。当然，这必须是在自己能处理的范围之内，以下简介几种自助汽车美容方案。

1. 普通护理方案

（1）特点：利用特殊的高科技配方增光聚合物，能有效无损害地洗去污渍，使氧化严重的车漆经抛光后得到较好的修复，并能对清洗的物件起保护作用，防止紫外线破坏及老化。

（2）适用范围：中、高档汽车的日常护理。

（3）选材：高科技洗车液（适用于各种车漆）、聚酯上光镀膜蜡、轮胎泡沫清洗剂、轮胎泡沫清洗上光剂、真皮清洗上光保护剂套装、内饰保护剂。

（4）简要操作步骤

① 取高科技洗车液，并根据产品浓度稀释、搅匀，用软毛巾或海绵擦洗汽车，然后用无纺棉或软毛巾轻轻抛光。

② 取聚酯上光镀膜蜡，轻轻摇匀，用柔质布把蜡薄薄地涂在车体上，每次按半平方米涂擦，并擦除多余积蜡，稍后用干净布轻擦抛光。

③ 根据车轮情况，用轮胎泡沫清洗剂对轮胎进行清洗，然后用洁布擦干，再涂上保护上光剂。

④ 取真皮清洗剂喷涂于柔软毛巾或无纺布上，均匀涂于皮革表面，然后用另一块布擦干。再在阳光下预热皮革 10 ~ 15min，将真皮上光保护剂摇匀，在柔软毛巾（或无纺布）上倒上少许，均匀地涂擦在皮革件上，并立即用另一条柔软毛巾（或无纺布）抛光。然后用内饰保护剂喷于车内仪表板等物上，用无纺布擦拭干净。

2. 高级护理方案

（1）特点：美容品全部采用纯天然材料制成，pH 值呈中性。通过日常护理可起到抗氧化、防酸、抗紫外线照射、防老化作用，并赋予车辆以自然光泽，散发清香之气。

（2）适用范围：高档汽车的日常护理。

（3）选材：纯天然洗车液、纯天然车蜡、车轮清洗保护套装、真皮清洗上光保护剂套装、内饰保护剂。

（4）简要操作步骤

① 取纯天然洗车液对汽车进行清洗，使用步骤同高科技洗车液。

② 取纯天然车蜡对汽车进行打蜡，具体方法同聚酯上光镀膜蜡。

③ 根据车轮情况，取车轮清洗剂对车轮进行处理。大约 10min 后冲洗干净，用洁布擦干，涂保护上光剂。

④ 取真皮清洗剂喷涂于柔软毛巾或无纺布上，均匀涂于皮革表面，然后用另一块布擦

干。再在阳光下预热皮革10~15min，将真皮上光保护剂摇匀，在柔软毛巾（或无纺布）上倒上少许，均匀地涂擦在皮革件上，并立即用另一条柔软毛巾（或无纺布）抛光。然后用内饰保护剂喷于车内仪表板等物上，用无纺布擦拭干净。

3. 新车护理方案

（1）特点：配方较柔和，不伤原有车蜡，在新车表面形成致密的保护膜，能有效地防水、防酸碱及其他化学物质的腐蚀，为新车提供理想的保护。

（2）适用范围：各种新车或翻新车。

（3）选材：泡沫洗车上光剂、隐形车衣、透明保护剂棕榈保护蜡、纳米镀膜剂。

（4）简要操作步骤

① 取泡沫洗车上光剂喷于车体，用海绵或软毛巾擦拭，然后用清水冲净即可。

② 吹干车体漆面，上一层棕榈保护蜡，稍后用干净软布下蜡。

③ 取纳米镀膜剂，摇匀，在软布或海绵上倒少许，轻轻以圈状打匀，稍后用干净软布擦净。

④ 取透明保护剂，摇匀，喷涂于擦净的皮革、橡胶等表面，再用干净布擦净。

七、专业汽车美容流程

（1）洗车。将车用清水冲洗，将漆面粉尘、细沙粒彻底冲洗干净。

（2）查看漆面氧化层的污物程度，用手掌触摸感觉，有沙沙刺手声时，先使用黏土消除。

（3）细研磨。用4000r/min抛光机研磨（兔毛球），主要配合晶亮研磨剂作镜面处理。开始研磨时，压力要根据漆的强度高低和面漆的厚薄来决定，如进口车漆一般硬度比较高，其研磨压力稍大，而国产车一般强度比较低，面漆比较薄，其研磨压力应稍轻。高速抛光机转速高、切削力强，如力度掌握不好，就会抛漏底漆。

特别要注意，倒入漆面的研磨剂量要适中。因为剂量过大会使切削力差，反而会打滑，过少则会伤漆面。研磨剂有两个作用，一是在湿的时候研磨，起切削作用，用力稍大；二是在研磨中，研磨剂逐渐变干，这时应当减轻压力到最小进行研磨，此时研磨起抛光作用。

抛光时抛光机要平衡运行，倾斜度不宜过大，要随着漆面的角度变化角度。抛光时要及时清理毛轮上的污垢，以便增强毛轮的切削力，避免不必要的漆面损伤。研磨中严禁原地不动研磨，特别注意相邻的门或边缘。因为高低不平会造成伤害边缘部位，相邻的装饰条、密封条、镀铬条、门把手等部位也会损伤。抛光机没有调速功能，可用点动开关的方式来掌握速度的快慢。

（4）除蜡。先用除蜡水清除漆面蜡层，然后用洗车液擦洗车身（因为抛光时所用的研磨剂有蜡成分，如果不消除，将会影响产品的渗透力）。

（5）风干。将车身冲洗干净再用风机彻底风干车身的水分。

（6）上釉。釉分子能填充微孔起密封作用，所以用专用的封釉机上釉效果比较好。操作过程中蘸少量晶亮釉振动涂抹，振涂时速度要慢且均匀。一般每处要振涂两次，然后轻微提起抛光机，使抛光机轮快速转动抛出亮光。接着用棉布蘸少量晶亮釉手工再涂抹一薄层即可。

八、汽车美容常识

(1) 不能用洗衣粉、洗洁精洗车。因其含碱性成分，长期使用可使车漆失去光泽、哑色、干裂、生锈。应使用专用的清洁液或洗车液。

(2) 汽车沾上污垢后要及时处理。汽车在使用过程中受阳光辐射，酸雨侵蚀，时间一长易结合上各种腐蚀性污垢，如水泥、油脂、粘液、沥青、树液、虫尸等形成的顽固污渍，继而易使漆面暗淡无光、漆质氧化，缩短车体表面车漆的寿命。

(3) 汽车内饰要清洁保养。车厢部分平时受外界油尘、泥沙、吸烟、乘客汗渍及空调循环等不良因素的影响，致使车厢内空气受染，进而细菌滋生，甚至产生难闻杂味；还会使丝绒发霉，真皮老化，容易影响车内人员的身心健康和驾驶人的驾驶心境。因此，每3个月应做一次全套室内专业护理，洗车时应常吸尘。

(4) 名车、新车应慎重选用车蜡。普通的油性、固体车蜡因没有附着力、易沾污（雨后留下的水渍等）及擦伤车漆、光亮不持久等缺点已被逐渐淘汰。而名贵轿车选蜡时更应慎重，新的车蜡都是水性粉质，擦后光亮爽洁、不易粘尘、耐久性长。

(5) 名车精打抛光水晶蜡步骤。蜡的概念已由一般的单纯打蜡上光发展到今天的保护性上光，已成为当代汽车美容护理之必须。打蜡前应注意两方面问题，一是选蜡，二是操作。选蜡应根据车漆保护的需要进行，尽量根据车蜡的不同功效结合车漆特点精心选择，这样效果会更加明显，例如，深色车系及浅色车系的使用蜡的区分。打蜡的操作一般在车体洗净后进行，现在的车蜡多为液体蜡，使用前，将产品摇晃均匀，用少许倒入湿布或海绵上小面积在车漆表面擦拭，稍干后，再用软洁布反复擦干即可。固体蜡的操作方式大体相同，越高级的蜡开蜡时越省时、省力。打蜡操作时应在阴凉处为妥。另外，一辆车在做了研磨抛光后，必须要涂保护性上光蜡，这样能使车漆光泽倍增。并有长时间的保护作用。

此外，去除污渍非常重要，否则打好的蜡也会没光泽。名车精打抛光水晶蜡具体步骤应为先清洗除污；其次精打水晶蜡；再次电动或气动抛光，可使车蜡均匀和消除阴阳色，使车蜡与漆面产生电键化合作用，结合成坚固不可渗透的更滑、更强、更持久的超强保护层；最后用抹车麂皮进行特殊处理尽量做到不留擦痕、光亮爽洁。名车每月应定期精打抛光上蜡一至两次，最好少用或不用油性固体蜡，不用毛巾擦蜡，不在阳光下或车体高温时打蜡。

第二章

汽车清洗

本章学习目的：

- 了解汽车腐蚀及污染源
- 认识汽车清洗相关设备及工具
- 掌握汽车清洗作业流程与注意事项

一、汽车清洗概述

洗车工作看似很简单，但要想洗得又快又好，又能让顾客满意就不是容易的事。洗车服务是汽车美容店面招揽生意、稳定客源的一种最重要的手段。通过专业、快速的洗车服务能给顾客留下良好的印象，也是为销售其他汽车用品和施工服务奠定良好的信任基础。

如果新车从开始就没有高质量的洗车、打蜡的保护，车漆就会逐渐氧化失去光泽。污垢不及时清除，不仅影响到汽车的外观，还会诱发锈蚀和损伤。另外，不正确的洗车方式会造成车漆表面出现细纹（螺旋纹及刮痕）。因此，汽车清洗对保持车容美观，延长车辆使用寿命有着重要作用。

二、汽车腐蚀及污染源

了解汽车腐蚀的原因、防止措施及漆面污染源，能有效地增加车漆表面的寿命。

1. 汽车腐蚀的原因及防止措施

（1）汽车腐蚀的原因

① 含有湿气的污垢或碎屑物留在车上。

② 由于沙砾或小的交通事故造成漆层损伤。

③ 车身下部积存的沙、污垢或积水。

④ 在相对湿度较高的地区（如沿海地区）腐蚀会加速；而在气温持续在冰点以上，有大气污染以及往公路上撒盐的地区腐蚀更为严重。

⑤ 湿度高、通风不良，会使零部件腐蚀加速。

⑥ 工业污染、沿海地区盐分的存在都会促使腐蚀加速。

（2）防止汽车腐蚀的措施

① 经常刷洗汽车，定期打蜡，以保护金油层并保持光亮。

② 经常检查车辆是否有较小的损伤，如有损伤应及时进行修理。

③ 保持车门底部和后挡板的排水孔畅通，以避免积水而引起腐蚀。

④ 经常检查车身下部和车门，如有沙砾、污物等，应用水将其冲洗干净。

2. 污染源

汽车漆面污染一般由酸雨、工业污染及紫外线照射等因素造成。漆面污染包括表面污染和深层污染两个方面。

（1）表面污染包括灰尘、树胶、沥青、新鲜鸟粪、工业排放、静电吸附和飞漆等。

（2）深层污染包括酸雨腐蚀、深层氧化、微划痕（条纹、旋纹）、褪色及水痕、蚀痕和龟裂等。

解决途径：表面污染用香波洗车或漆面清洁可处理。深层污染用漆面研磨、漆面抛光等方法可处理，更严重时需用水砂纸打磨。漆面研磨后，需要抛光和上蜡保护。制订合理的汽车美容保养计划，定期洗车、打蜡，以防止漆面老化。

汽车腐蚀污染源如图 2-1 所示。

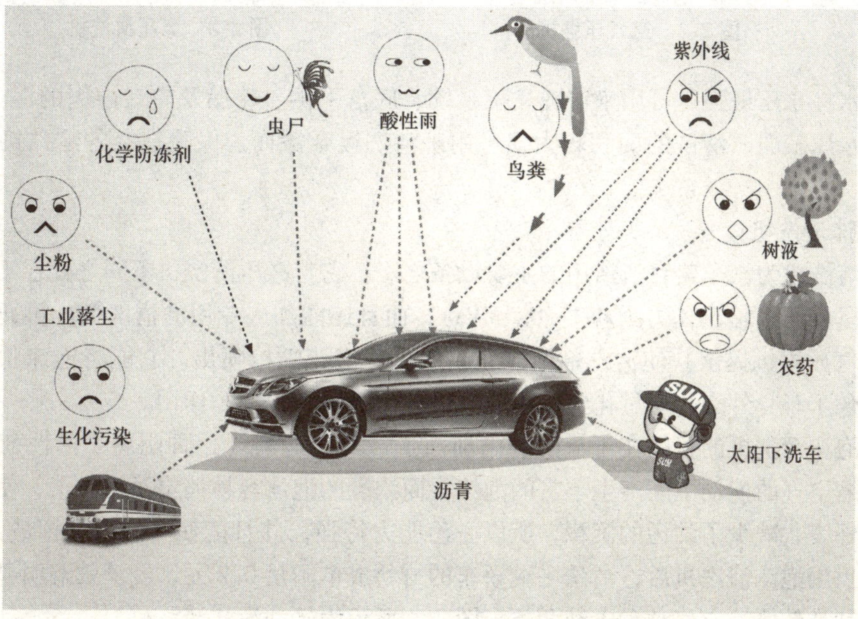

图 2-1 汽车腐蚀污染源

三、汽车清洗设备与工具

1. 空气压缩机

空气压缩机（图 2-2）是汽车美容护理以及维修的通用设备之一，应用范围很广。空气压缩机在汽车美容护理方面主要用于提供充足的达到预定压力值的高压压缩空气，以确保汽车美容护理作业车间所有的气动设备都能有效地工作。一般用于泡沫清洗机、各种气动工具（研磨、抛光和除尘工具）、发动机和变速器的免拆清洗以及轮胎充气等。

2. 高压清洗机

一般家用出水头水压为0.2～0.4MPa，必须配合人工手洗才能去除一般的顽垢，高压清洗机输出水压约10MPa以上，因此大部分的顽垢如车上的小虫尸体、鸟粪及黏着在悬架系统、底盘下侧、轮胎或轮毂内侧的泥垢都可以轻易去除。一般而言，人工洗一辆车的用水量是使用高压清洗机洗一辆车的10倍。使用高压清洗机（图2-3）洗车具有节省时间、体力及用水量等优点，唯一要注意的是高压水柱不可触及身体任何部位，以免造成伤害。清洗机的喷水头水柱形状可调整为柱状及扇形两种。

图2-2　空气压缩机

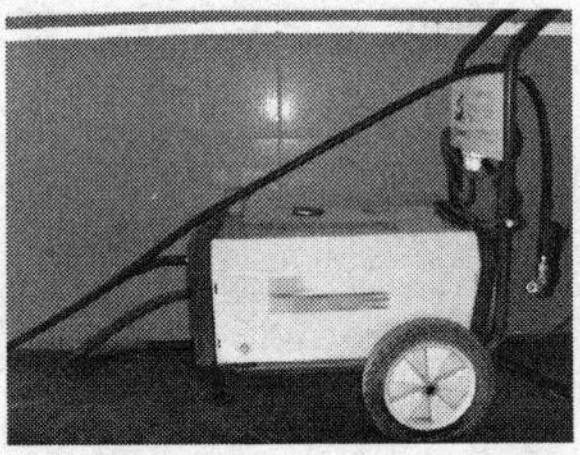

图2-3　高压清洗机

柱状水柱水压最强，可用来清洗悬架系统、底盘下侧、轮胎及轮毂内侧的泥土及顽垢；扇形水柱水压较弱，清洗的面积较大，可用来清洗钣金漆面、保险杠及各零件接合细缝等部位。

3. 泡沫清洗机

泡沫清洗机为汽车美容清洁用的主要设备之一。它与高压清洗机不同之处在于它输出的水不但可以增压（输出压力为0.1～0.5MPa），而且还能加入专用的清洗剂，再通过压缩空气（由空气压缩机提供）使清洗剂泡沫化，然后从泡沫喷枪喷出。它能将泡沫状的清洗液均匀地涂敷于车身外表，通过化学反应起到极佳的除尘和去油污作用。

使用泡沫清洗机的目的在于清洗剂内加入了强力发泡剂（一种阴离子活性剂）和助洗剂，在压缩空气的搅动下能产生丰富的泡沫，而浓稠的泡沫容易捕集污垢粒子，使油污溶解于泡沫的外表，减少了油污的沉积，所以去污能力特强，并且能使清洗剂发挥最大的效用。据统计，采用泡沫清洗机后，清洗一辆轿车的材料成本不足0.2元，经济效益明显提高。泡沫清洗机种类较多，有气动和电动两类，图2-4所示为气动泡沫清洗机。

4. 水枪和气枪

水枪和气枪是分别与高压清洗机和空气压缩机配套使用的，是重要的清洗设备。其种类较多，有的带快速接头，可作快速切换；有的带长短接杆，使用起来更为方便。

气枪通常为外购件，不随空气压缩机附送（图2-5），水枪则常常作为高压清洗机的附件。此外，高级的水枪带水压和水形调节，高压水枪在汽车清洗中的应用，不但提高了清洗作业的质量，极大程度地保护漆面，同时也提高了清洗作业的效率，使用起来十分方便。

图2-4 气动泡沫清洗机

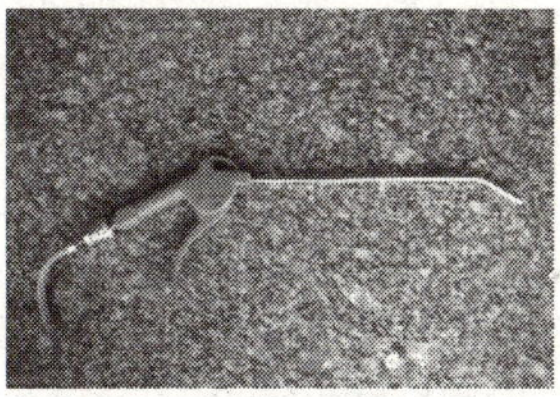

图2-5 常见的气枪的外形

5. 吸尘器

汽车车身内容易积聚大量的灰尘，特别是座椅上的皱褶和一些角落部位的灰尘极难清除。吸尘器是汽车美容车间必备的工具。现在市面上常见的吸尘器主要有便携式、家用型和专业型三种，又分干式和湿式两类。一般来说，专业型的吸尘器吸尘吸水效果最好，使用较多。它具有较好的防水性，集吸尘、吸水、风干于一体，配有适合于内饰结构的专用吸嘴，操作简单。其内置的真空泵能产生很大的真空度，再配上形状不一的各种吸头，能很方便地伸进各个角落部位，快速地吸去附着于其上的灰尘。干式吸尘器如图2-6所示。

6. 专用甩干桶

车上的座椅套、可拆式地毯和脚垫等织物容易弄脏，每隔一段时间后应取下用水或用泡沫清洗，彻底去除灰尘、污渍，杀灭滋生细菌。由于这些织物体积大、分量重，水洗后难以用普通脱水机脱水。

图2-7所示为一种汽车美容专用甩干桶，其容量大、转速高、功率大，能在数分钟时间内达到很好的脱水效果，是汽车美容店必备的设备。

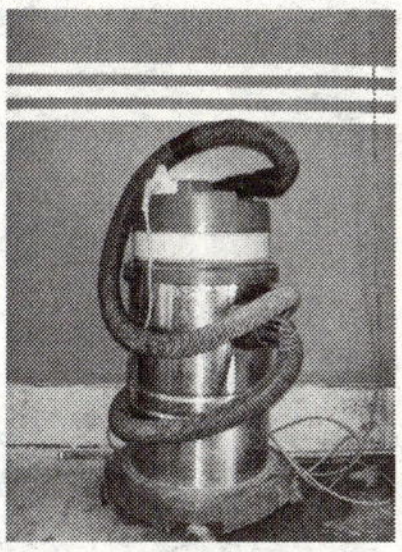

图2-6 干式吸尘器

图2-7 汽车美容专用甩干桶

7. 高效多功能洗衣机

汽车上的座椅套、头枕套等织物极易弄脏，每隔一段时间都要进行清洗。为了节省车主的时间，汽车美容店应创造条件，做好全方位的服务工作。在为汽车美容的同时，也应做好织物的清洗工作。

汽车美容店使用的洗衣机不同于家庭用的普通洗衣机，它要求能清洗较大重量的织物（至少要5kg级）。而且必须是清洗、烘干和免烫三合一的高效多功能洗衣机，这样才能在完成汽车美容的同时，也完成各种织物的清洗和烘干，不会影响交车时间。

8. 洗车所需工具

（1）外饰用湿性海绵。这种海绵一般应具有较好的藏土藏尘能力，能使沙粒或尘土很容易深藏于海绵的气孔之内。这样可以避免因擦洗工具过硬或不能包容泥沙而给车身造成划痕。另外，在使用前让海绵吸入适量已经配好的洗车液，这样易于清除车漆上附着力较强的污垢。

（2）外饰用半湿性大毛巾。使用这种用清水浸湿后拧干的大毛巾，可以提高擦车速度，节省擦车时间，一般多用于麂皮擦车前的预处理。

（3）外饰用半湿性小毛巾。主要用于擦洗门边污垢和车身底部的泥沙。

（4）外饰用干性小毛巾。用于处理外饰用半湿性小毛巾擦洗过的门边和车身底部后所留下的水痕。

（5）内饰用半湿性小毛巾。这种用清水浸湿后经过拧干的小毛巾，主要用于擦洗汽车内饰部件以及窗玻璃等。

（6）内饰用干性小毛巾。未经清水浸湿过的干性小毛巾，主要用于去除窗玻璃上所留下的水痕。

（7）半湿性麂皮。经过脱脂处理的麂皮经过清水浸湿后，拧干可用于擦净车身表面的水痕。

擦拭毛巾分类如图2-8、图2-9所示。

图2-8　擦拭毛巾分类

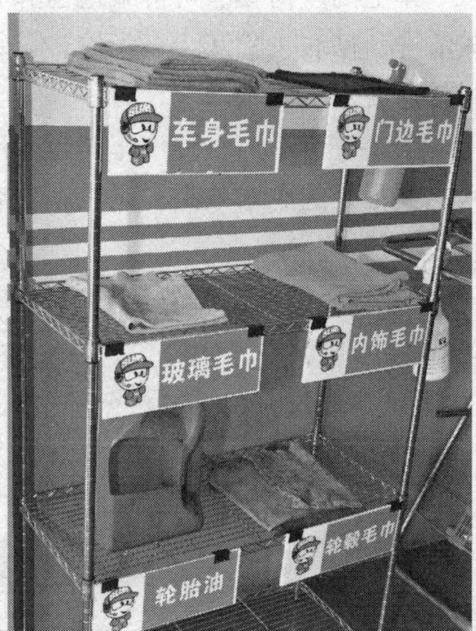

图2-9　擦拭毛巾细分

备　注

擦拭毛巾可分为车身、门边、玻璃、内饰、轮毂几种。因为不同部位，要用不同毛巾擦拭。毛巾分类可依照颜色、大小作区别，避免毛巾混合重复使用，更能体现洗车专业性。

四、汽车清洗耗材

使用好的工具可以提高洗车的清洁效果，节省时间和体力。例如，使用高压清洗机、电动打蜡机、气动打蜡机、吸尘器、压缩空气机等。另一方面，了解汽车美容所使用的材料、药剂是做好汽车美容工作的必备条件，下面介绍一些汽车清洗常用材料。

1. 清洁剂

人们在日常生活中都有使用清洁剂的经验，无论是清洗衣物、餐具或机械用具（汽车、家电等）。一般而言，能清除污染物的物质统称为清洁剂。

（1）水是地球上最多的也是最便宜的清洁剂，可冲洗一般性的污染源，如泥土、粉尘、鸟粪、酸雨等。但汽车在道路上行驶，其排气或吸附的废气、黑烟、树脂、油污、沥青等深层污染是无法用水清洗干净的。

（2）界面活性剂。界面活性剂其实在日常生活中经常被使用，例如肥皂、洗衣粉、一般洗涤剂粉等。它能让两个分离或不同的相键，彼此产生互溶的媒介物，其结构是一个分子，一端含有亲油基（长链脂肪油），另一端含亲水基（钠、钾、铵、乙醇胺等）。亲油基可以吸附油污，亲水基可以吸附水，所以用水一冲，就把油和水一起带走，达到清洁的效果，界面活性剂可分为四大类。

① 阴离子界面活性剂。若界面活性剂的分子可解离（解离就是中性的分子分解成为带电的原子状态，而带负电的原子，称为阴离子；带正电的原子称为阳离子），且解离后具有界面活性的一端带有负电荷的就称为阴离子界面活性剂，其清洁效果佳，也可乳化起泡。

② 阳离子界面活性剂。若界面活性剂的分子可解离，且解离后具有界面活性的一端带有正电荷的就称为阳离子界面活性剂。其用途在于抗静电、杀菌、柔软、清洁和起泡。

③ 非离子界面活性剂。若界面活性剂的分子不可解离；而且有的界面活性剂的整个分子都不带电荷，则为非离子界面活性剂。其清洁效果差，且易起泡，用途为乳化、分散及溶化。

④ 两性离子界面活性剂。若界面活性剂在同一分子中，具有解离成阴离子的酸根存在，也同时具有解离成阳离子的铵根存在，随溶液的 pH 值而变化，在酸性时呈阳离子性，在碱性时呈阴离子性，就称为两性离子界面活性剂。此界面活性剂通常较其他界面活性剂温和，可降低阴离子界面活性剂的刺激性，用途为温和的洗涤用品。

2. 脱脂清洁剂

使用脱脂清洁剂可以简单快速地去除附着于机械部件上的油脂，以及去除涂装面、粘合面、密封接合面等上的各种油脂类和其他污垢。此类清洁剂的特征为容易燃烧，使用时应远离火源或火花，避免眼睛皮肤的接触以及蒸气吸入呼吸道，以免引起刺激性的反应，长期过量吸入会造成身体的伤害及病变。

3. 强酸、强碱类清洁剂

此类清洁剂常用于钢质轮毂或铝合金轮毂的清洗，因为轮毂上常浸渍铁屑、铝屑等金属氧化物。强酸及强碱类清洁剂，皆以水为主要溶剂，内含多种界面活性剂。

（1）强酸类清洁剂。其作用原理为金属氧化物可溶于酸中，如氧化铁和氧化铝等；而粘于轮毂上的污泥，可用氧化铵或氢氟酸溶解，其作用原理如同半导体工业使用氢氟酸来蚀刻矽晶圆。酸性类成分有磷酸、氢氟酸、氟化铵、乙醇酸、草酸、葡萄糖酸、柠檬酸、1，2，3-丙三甲酸、异丙醇、硅酸、偏硅酸、偏硅酸钠等。

（2）强碱类清洁剂。其作用原理为金属氧化物可溶于碱中，如氧化铝和氧化铁等。碱性类成分有氢氧化钠、氢氧化钾、乙醇胺、液态石油气、（醇）醚类等。

使用酸或碱类清洁剂应注意眼睛和皮肤等的卫生防护，若吸入此类气体会对鼻、喉等呼吸器官造成刺激，所以操作时必须戴上手套、口罩、防护眼镜等劳保物品。

4. 利用美容黏土（俗称瓷土）**去除油漆尘、铁粉或硬沥青**

洗完车后，会有一些洗不掉的污点停留在车身，用手触摸可以感觉粗糙颗粒物存在，那么很有可能是油漆尘、铁粉或硬柏油等污染物。它们对汽车的伤害较大，尤其铁粉受热会扎进漆面使车子生锈，要去除这些污染物，可用美容黏土。以黏土的吸入附着作用能将颗粒污点粘起而不伤害漆面。使用黏土时，可利用洗车后的余湿或用清水喷湿漆面达到润滑作用。首先将黏土挤压搓揉变软，然后压平成手掌大小，再以交叉或打圆方式研磨漆面以去除颗粒污点。黏土用到一定程度时会变脏，把它对折将污染物包在内部，再压平成手掌的大小，继续研磨漆面。操作时应一面研磨，一面用手感觉粗糙附着物是否去除，直到颗粒完全清除为止。

五、精致洗车流程及操作方法

由于酸雨和污染的空气可以使汽车的油漆表面失去光泽，因此应定期清洗汽车。在沿海一带或含有盐分的地区行驶的汽车，清洗的频率应更高一些。

洗车时，车身的温度不要过高。洗车应在背阴处或室内进行，因为在阳光下清洗，蒸发车身上的水滴会留下斑点。另外，不应在寒冷的天气洗车，也不应当在寒冷天气把潮湿的或车身刚刚洗净的汽车开出去，因为水结冰会损伤漆层。汽车清洗流程见表2-1。

表2-1 汽车清洗流程

项次	施工项目	材料/工具	注意事项
1	清洗轮毂及备胎	清洗机、专用海绵、软性清洁剂	除沥青粒、油脂及污垢
2	清洗四门内柱	清洗机、清洗剂、长柄毛刷	除污、除油
3	清洗轮弧、底盘	清洗机	清除泥沙
4	清洗车身外表	清洗机、洗车海绵、软性清洁剂	清洁车身、去除污染物
5	干燥处理	风枪、吸水布	去除水分
6	A柱、B柱、C柱清洁	软性清洁剂、专用海绵、水桶、吸水布	除污
7	仪表板清洁	仪表板清洁剂、专用海绵、水桶、吸水布、风枪	除污、除尘

（续）

项次	施工项目	材料/工具	注意事项
8	座椅清洁	软性清洁剂、专用海绵、水桶、吸水布、皮革油、棉纸布、长毛刷	除污、保养
9	车门板清洁	软性清洁剂、专用海绵、水桶、吸水布	除污
10	地毯、脚踏垫清洁	吸尘器、软性清洁剂、专用海绵、水桶、吸水布	清洁、除尘、除油脂
11	后行李箱清洁	吸尘器、软性清洁剂、专用海绵、水桶、吸水布	清洁、除尘、除油脂
12	玻璃清洁	玻璃清洁剂、棉纸布	光亮、洁净
13	轮胎、轮毂保养	轮胎油、软性清洁剂、棉纸布、专用毛刷	均匀、干净
14	检查	风枪、棉纸布、检核表	服务项目逐一检查
15	交车	—	精致、完美

注：以上汽车清洗流程顺序需依实际作业情况排序。

汽车清洗操作方法如下。

1. 用清水冲洗车身（图2-10～图2-17）

图2-10 清水冲洗车顶

先用清水把车顶上污染物冲走，如泥土、粉尘、鸟粪、酸雨等。

图2-11 清水冲洗左侧门

注意车门下部裙摆之间，因距离地面较近容易隐藏泥沙。

图2-12　清水冲洗后行李箱盖

注意牌照、后灯、后保险杠下、夹缝边缘，尤其后行李箱周围亦容易隐藏树叶、泥土。

图2-13　清水冲洗右后叶子板

注意轮弧内饰板、凹槽下缘、挡泥板容易隐藏泥沙，尤其轮毂易留下制动铁屑污物，在冲洗时要特别注意。

图2-14　清水冲洗右侧门

注意事项同左侧门。

图2-15　清水冲洗右前叶子板

注意事项同右后叶子板。

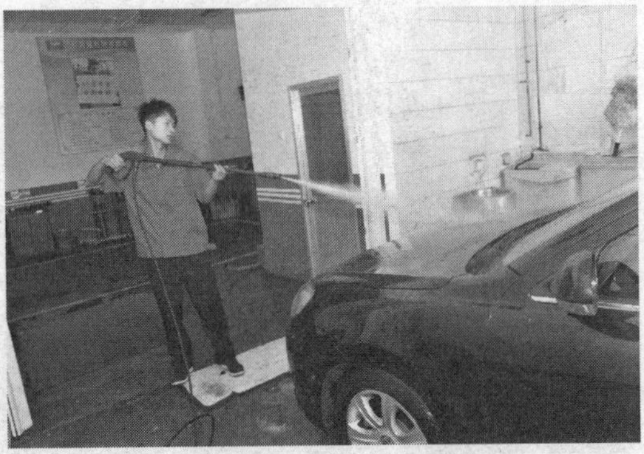

图2-16　清洗发动机盖

注意发动机盖上残留物，如行驶后所残留的沙尘、泥土或过夜停车所遗留的污染物。

图2-17　清洗散热器护罩及前杠

注意冲洗散热器护罩时，水柱压力不宜过高（可利用距离来控制压力），以免造成散热片扭曲。保险杠容易沾粘虫尸，可先用水湿润，再喷洒蚊虫清洁剂。

2. 喷洒泡沫及擦洗（图2-18～图2-29）

图2-18　喷洒泡沫

喷洒泡沫务必做到覆盖全车85%以上才能有效涂抹和清洁车身外表（喷洒太多会造成浪费）。

图2-19　擦洗前风窗玻璃

注意挪动刮水器。刮水器下缘易藏沙粒。擦洗前风窗玻璃时，稍用力反复擦洗几次以去除油膜。

图2-20　擦洗发动机盖

擦洗发动机盖必须注意由上往下，由高至低的原则，避免造成漆面二次污染。

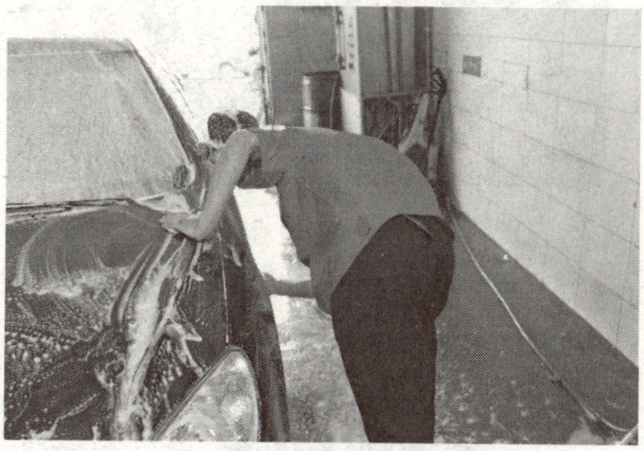

图2-21　擦洗左前叶子板

注意擦洗叶子板及轮弧边缘，该处易附着大量泥沙，并要保持洗车海绵的清洁度，必要时须清洁洗车海绵。另外，尤其要注意轮弧边缘的清洗，其位置不明显常容易被遗忘。

图 2-22　擦洗前车门下半部

此处易因为行驶中空气流速不同以及静电关系易吸引大量尘埃及工业污染物，清洗时须蹲姿擦洗。注：后视镜须清洗干净，有些车型有除雾线，切勿高压直接冲洗。

图 2-23　擦洗后车门上半部

左手持洗车海绵，可利用右手触碰感觉车身漆面是否还有铁屑氧化物。

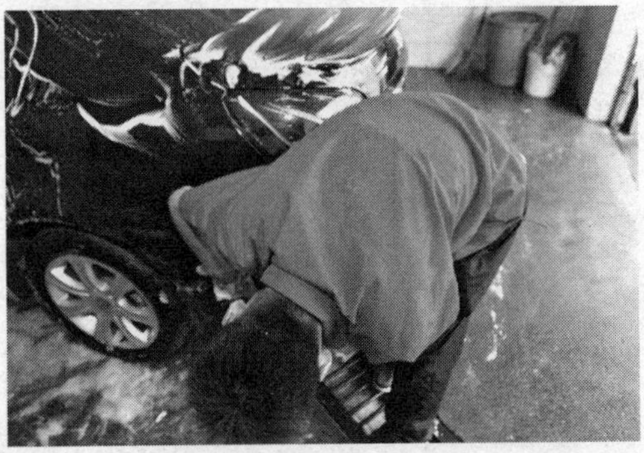

图 2-24　擦洗后保险杠

注意后保险杠下缘因在行驶中易产生较厚的泥沙，擦洗时采用蹲姿才能看清脏处。

图 2-25　擦洗后风窗玻璃

后风窗玻璃易滞留空气中所带来的尘土，擦洗干净能确保行车安全。

图 2-26　清洗右后车门

注意车门下缘易产生较大颗粒泥土，建议采用蹲姿清洗。

图 2-27　清洗前保险杠

发动机盖及前保险杠通风网不易清洗，需配合中刷子深入通风网、散热器护罩网。擦洗时须注意洗车海绵吸附污垢的多少，必要时清洁洗车海绵。

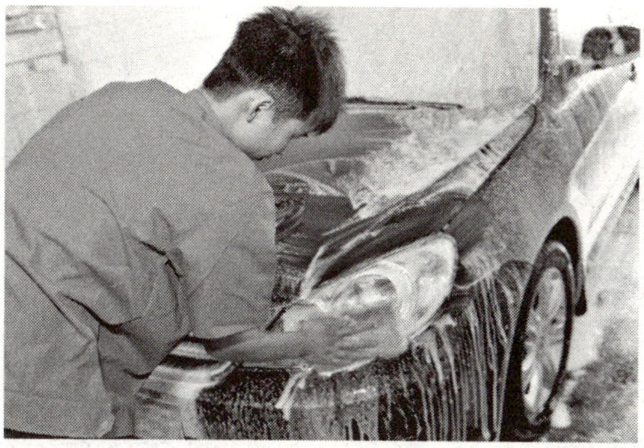

图2-28 擦洗前照灯

前照灯易沾粘虫尸，用力擦洗，确保夜间行驶的明亮度，保证行车平安。

图2-29 环车擦洗检查

全车清洗完毕后须进行环车检查，以免有遗漏或擦拭未净的地方，清洗越干净越仔细，越能为下一个环节节省更多时间与人力。

3. 车身清洗（图2-30~图2-33）

图2-30 清水冲洗车顶

利用高压清水依序冲洗全车，利用由上往下的地心引力作用，让擦洗后的脏污泡沫及沙粒随着高压清洗水流流到地面。

图2-31 清水清洗刮水器盖板

刮水器盖板容易积存大量泡沫与污物，须特别注意清洗此处。

图2-32 清水冲洗车身

高压清水冲洗车身，可由左至右冲洗，以环车冲洗全车各部位，让所有的泡沫污物流入地面。

图2-33 清水冲洗散热器护罩

高压清水冲洗散热器护罩时，可通过控制清洗水枪距离，来避免水压过大，而导致散热器的散热片损坏。

4. 擦车（图2-34～图2-57）

图2-34 擦拭前保险杠处

双人擦车时可由保险杠处依序由前至后擦拭。

图2-35 擦拭发动机盖处

使用蓝色大毛巾可以去除发动机盖、前风窗玻璃、车顶、后风窗玻璃、后行李箱盖上大部分的水分。

图2-36 擦拭前风窗玻璃

将毛巾拖曳到前风窗玻璃，先吸取大部分水分。注：毛巾经过脱水机处理后吸附水分效果更佳。

图2-37 擦拭车顶处

擦至车顶时注意有些车型会有收音机电动天线，避免损坏。

图2-38 擦拭后风窗玻璃

擦至后行李箱盖时注意有些车型会有收音机电动天线，避免损坏。

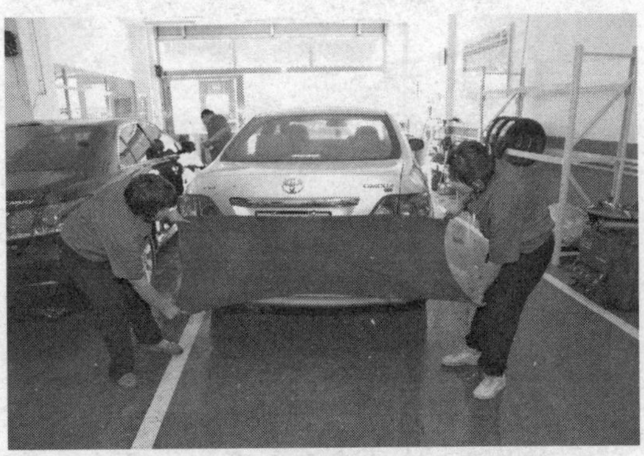

图2-39 擦拭后保险杠处

双人擦车由前至后保险杠须注意一定的顺序与步骤，时间控制非常重要。

图 2-40 擦拭车身两侧

擦拭车身下缘易脏及易存水处，如水珠擦拭不干净容易产生水痕。注：裙摆以下建议采用蹲姿方式擦拭。

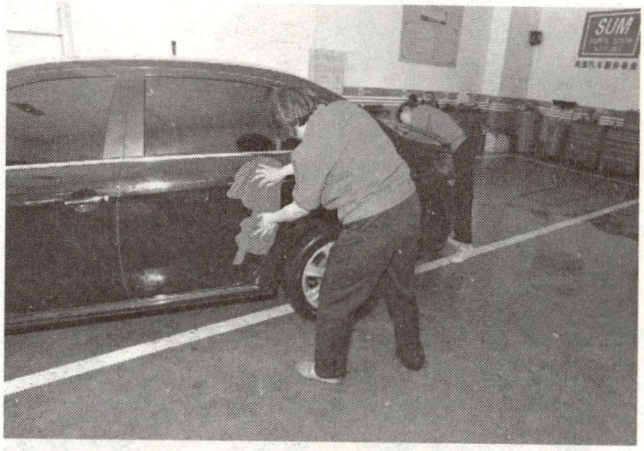

图 2-41 擦拭后车门

擦拭车身上缘处须和车身下缘处毛巾分类，避免下缘处泥尘污染至车身上缘。

图 2-42 擦拭后行李箱盖内侧

行李箱盖易藏树叶、泥土，可以利用气管去除多余水分或不易擦拭的部位。

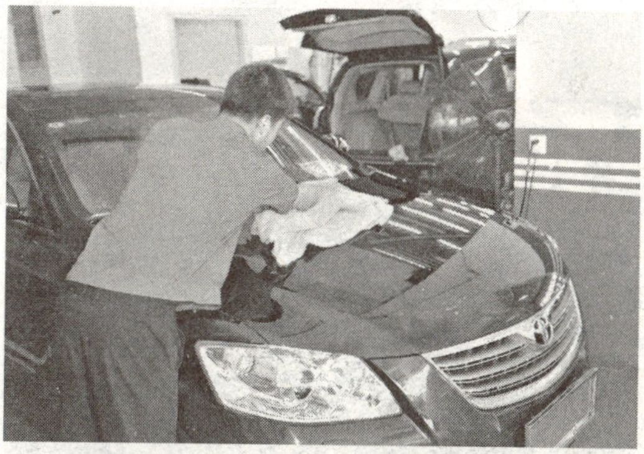

图 2-43 擦拭发动机盖

注意喷水头的清洁，该处容易堵塞及有蜡粉残留，可利用小牙签或回形针剃除蜡粉。

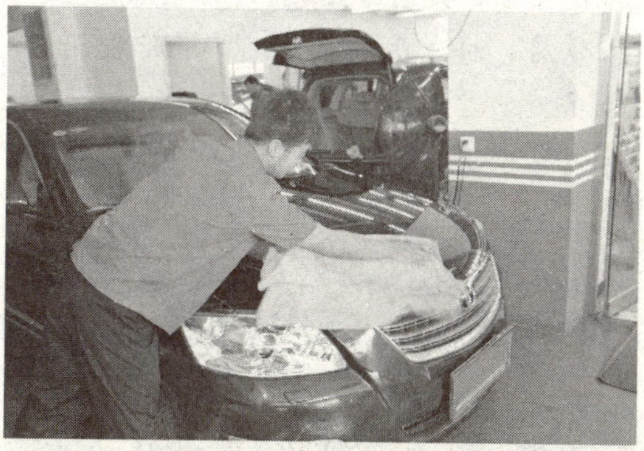

图 2-44 擦拭发动机盖

擦拭发动机盖须由刮水器盖板擦至发动机盖前缘。注意观察发动机盖漆面状况，提醒顾客漆面作美容护理的必要性。

图 2-45 擦拭前保险杠

保险杠处较为不规则，凹凸处较多，擦拭时须注意下缘处及散热器护罩通风网、雾灯框的清洁。

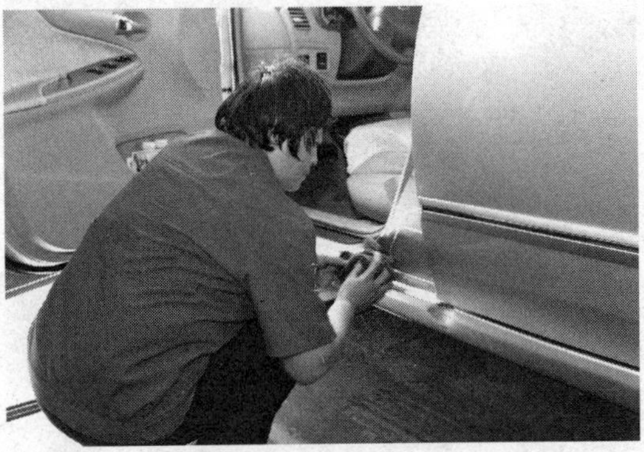

图2-46 擦拭迎宾踏板

迎宾踏板处易积存大量泥沙、沙粒、污垢、鞋印，须用专用毛巾擦拭。

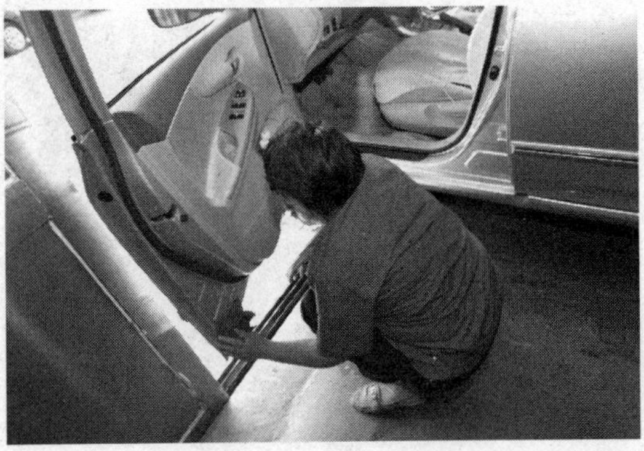

图2-47 擦拭车门外框

车门外框易积存水渍，须利用蹲姿擦拭，方能看清是否擦拭干净，避免关门时水渍流下来。

图2-48 擦拭后门内框

车门内框易积累灰尘与水渍，须由上往下擦拭。

图2-49 擦拭轮毂

擦拭轮毂须用专用毛巾，该毛巾不能随意擦拭其他部位，轮毂内缘易产生制动铁屑、油渍或氧化铝，可用轮毂洗洁剂清洁。

图2-50 擦拭前保险杠外缘

擦拭前保险杠外缘时注意雾灯外框、保险杠通风网、保险杠下缘的清洁。

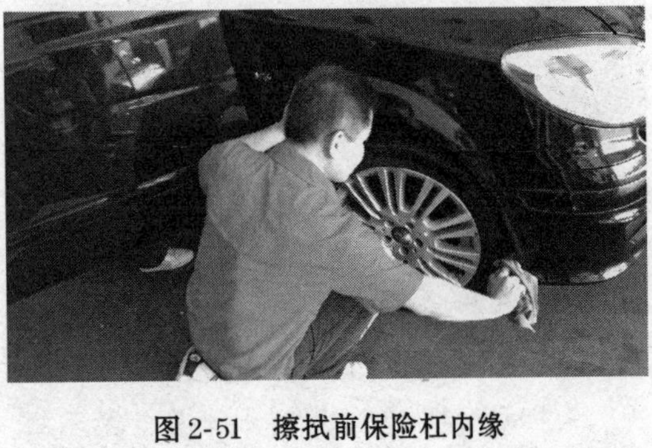

图2-51 擦拭前保险杠内缘

擦拭前保险杠内缘时注意下缘或挡泥板的清洁。

图 2-52 喷涂轮毂洗洁剂

轮毂易产生制动铁屑、油渍、氧化铝，附着时间长后易侵蚀轮毂外表。

图 2-53 擦拭轮毂内缘

轮毂内缘须用专用毛巾擦拭，利用指头或者硬物擦拭。

图 2-54 涂轮毂保护剂

涂上轮毂保护剂后具抗污性及亮光性。

图 2-55 涂上轮胎保护剂

使用毛刷涂上轮胎保护剂，保护剂能在物件表面上形成一层有效的保护膜。注：全部擦拭完毕后，压在地板上的胎面无法上保护蜡，因此完工时可移动车辆后再补上。

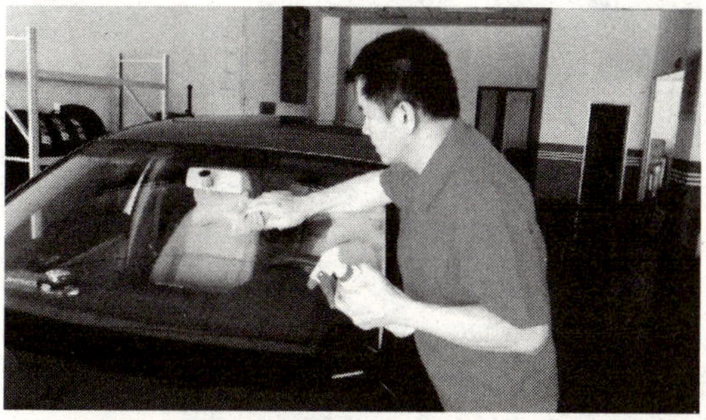

图 2-56 前风窗玻璃清洁

使用玻璃清洁液清洁玻璃可去除玻璃上油垢，增加后方透视度。注：另有专门清除玻璃油膜的清除剂。

图 2-57 右前玻璃清洁

使用玻璃清洁液清洁玻璃可去除玻璃上油垢，增加右侧透视度。

5. **油膜去除剂使用流程**（图 2-58 ~ 图 2-61）

图 2-58 油膜去除剂

车辆行驶后会在玻璃上形成一层交通膜或附着空气中的污垢，使用清水或一般玻璃清洗液很难去除，可采用玻璃油膜去除剂（内含研磨颗粒）将玻璃上的油污、顽垢去除。

图 2-59 去除玻璃油渍

利用打圈的方式将专用的油膜去除剂均匀涂抹在玻璃上，去除玻璃上油渍、恢复玻璃的明亮度，以提升行车的安全性。

图 2-60 去除玻璃油渍前

图中表示玻璃还有油渍的存在。利用清水测试玻璃上是否仍有油渍（若玻璃上有油污，水将成为扩散状态，而非附着在玻璃上，中间扩散点表示仍有油污）。

图 2-61 去除玻璃油渍后

图中表示玻璃面已经没有油污存在。因为水沾附在玻璃面是整面附着，没有呈现扩散的现象，表示玻璃面没有油膜的存在。

6. 车内清洁（图2-62～图2-90）

图2-62 仪表板清洁

擦拭仪表板一般使用干净内饰专用布。注：半干湿毛巾更容易擦拭，因为水分使灰尘不容易漂浮。

图2-63 仪表板增值服务

增值服务时可利用真皮保护乳液清洁仪表板，并注意方向盘的上下盖处易沾灰尘。

图2-64 门内饰板上缘

注意门内饰板上缘易沾灰尘。

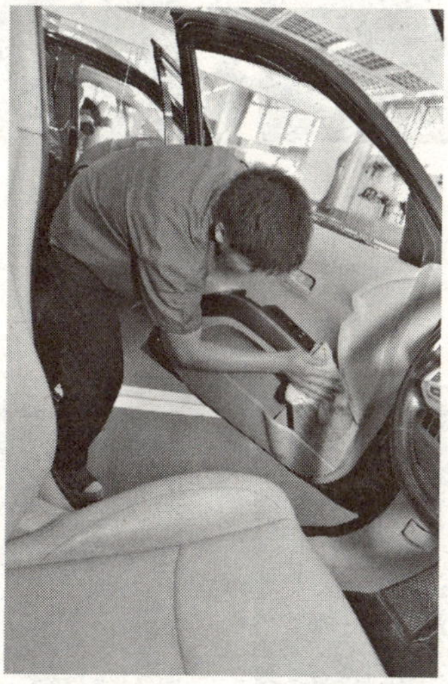

图2-65 门内饰板下缘

利用门饰专用布擦拭门板下缘时，须注意门边置物盒易刮伤手。

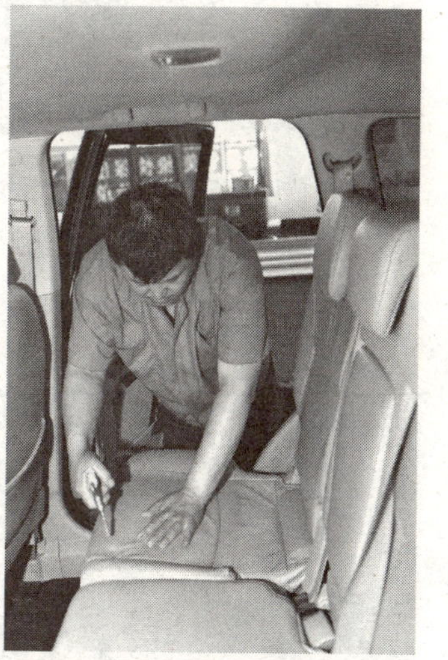

图2-66 利用风管吹细缝

座椅间夹缝处可利用风管吹除灰尘。

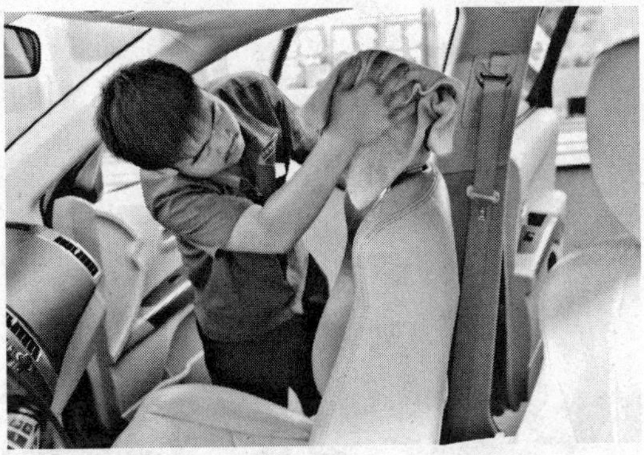

图2-67 擦拭头枕

注意头枕衔接处易积存灰尘。

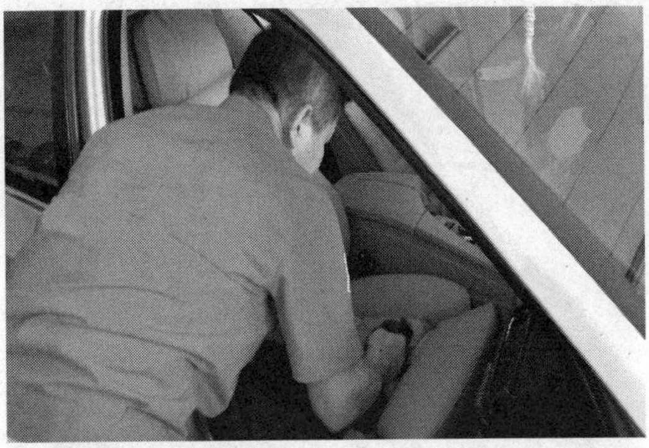

图2-68 擦拭椅缝

前座椅可调整前后，应注意擦拭椅缝与下缘。

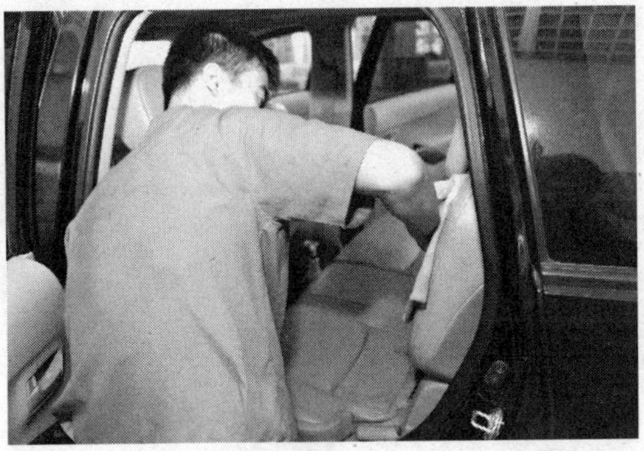

图2-69 擦拭后椅背

椅背擦拭重点是细缝处与后头枕处。

图2-70 风管吹门边框

有些灰尘不易擦拭，可利用风管吹除。

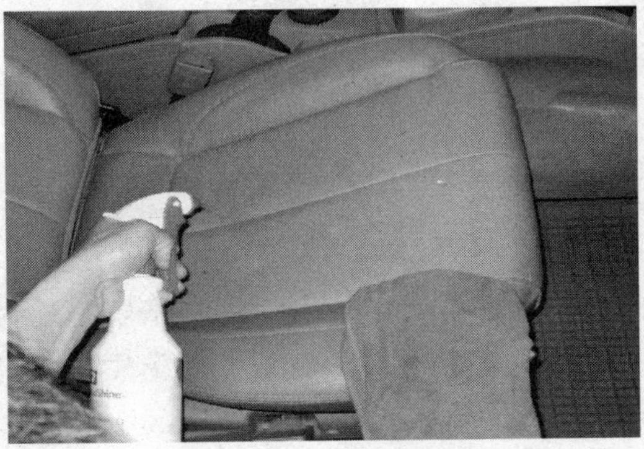

图2-71 喷涂真皮保护乳液

内饰清洗可以利用真皮保护乳液擦拭，能保护皮椅不易起皱褶，增加使用年限。

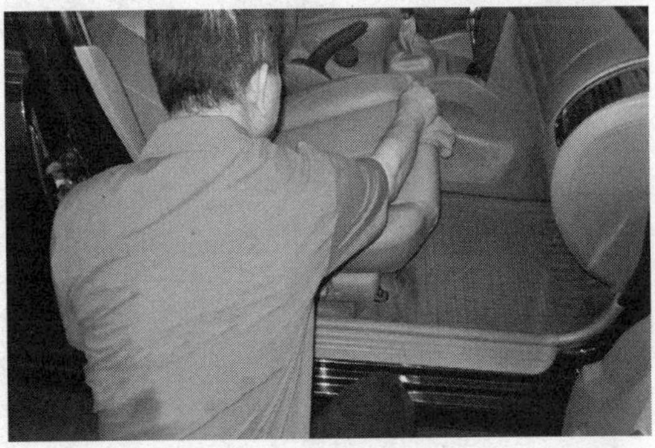

图2-72 干布擦拭

利用干布将乳液擦拭均匀。

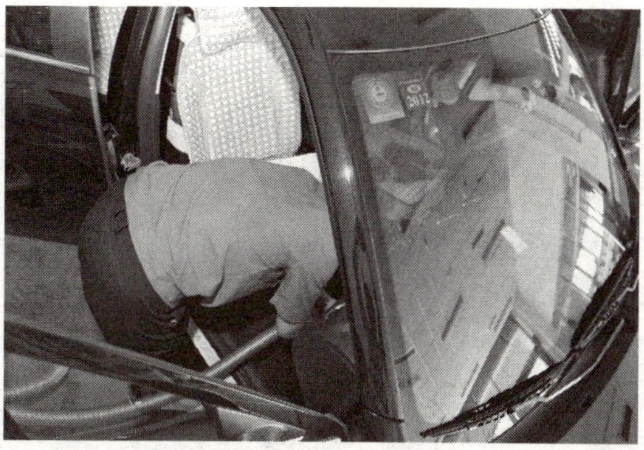

图 2-73 车内吸尘

利用吸尘器吸取车内灰尘及脏污。

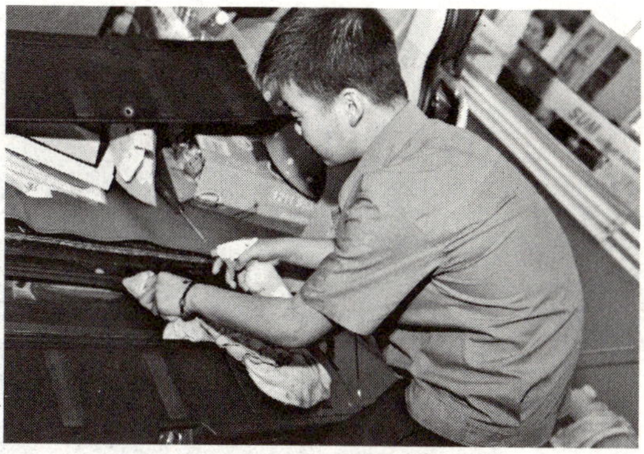

图 2-74 保养橡胶保护条

利用橡胶保护剂擦拭橡胶保护条。

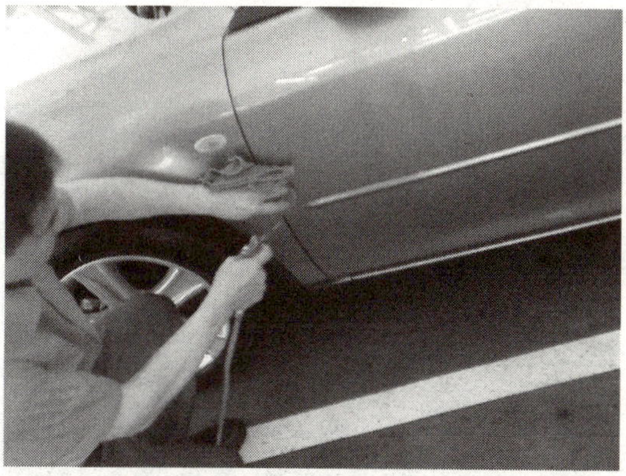

图 2-75 风枪吹水（一）

利用风枪将门缝易含水处吹干净。关车门或车身振动水珠滴落会造成水痕。

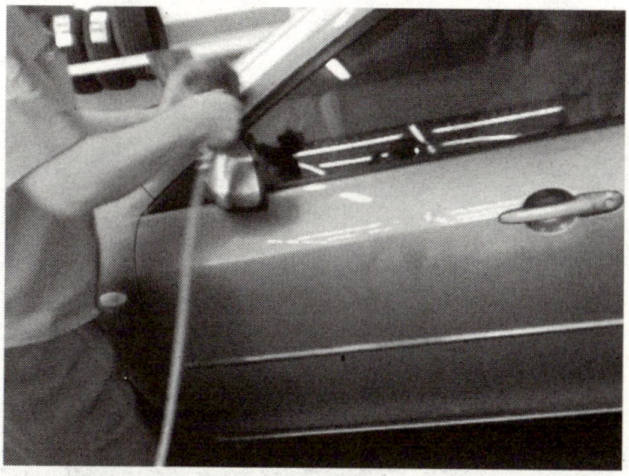

图 2-76 风枪吹水（二）

利用风枪将后视镜下缘藏水处水滴吹掉，该处污染物容易被忽略，注意去除。水珠滴落会造成水痕。

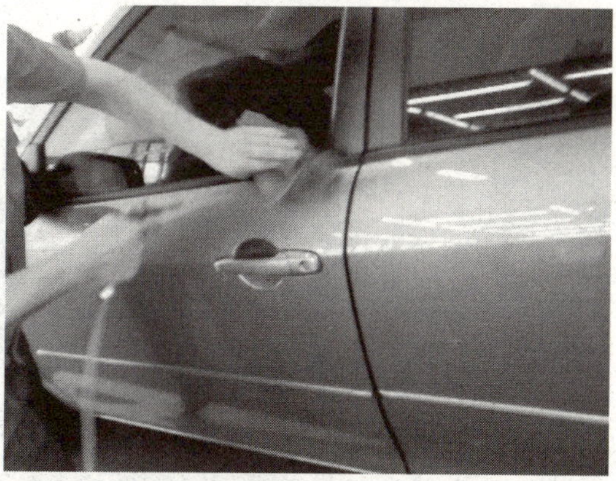

图 2-77 外水切吹水

将外水切易含水处吹干净。操作时须注意方向，沿着水切由内侧往外侧，顺向吹出水滴。

图 2-78 门把处吹水

将门把缝内的水吹掉。操作时须注意方向性。

图2-79　外门框吹水

将外门框不易擦拭处利用风枪将水滴吹掉。

图2-80　门内框吹水

将门内框不易擦拭处利用风枪将水滴吹掉。

图2-81　前后门细缝吹水

前后门细缝吹水后能使车主感觉到作业的专业性。

图2-82　门饰板吹水

利用风枪吹水可以顺便环车检查细节。

图2-83　脚垫清洗

塑胶脚垫可以利用高压清洗设备清洗污垢。

图2-84　脚垫除尘

绒毛脚垫除尘方式可采用敲打除尘。

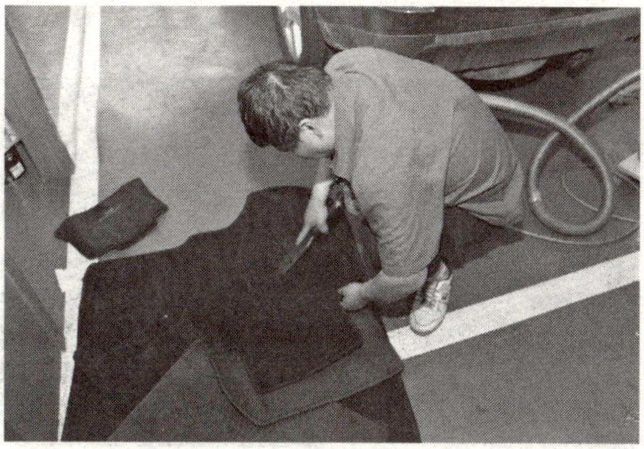

图 2-85 脚垫吸尘

绒毛类脚垫可利用吸尘器吸尘。

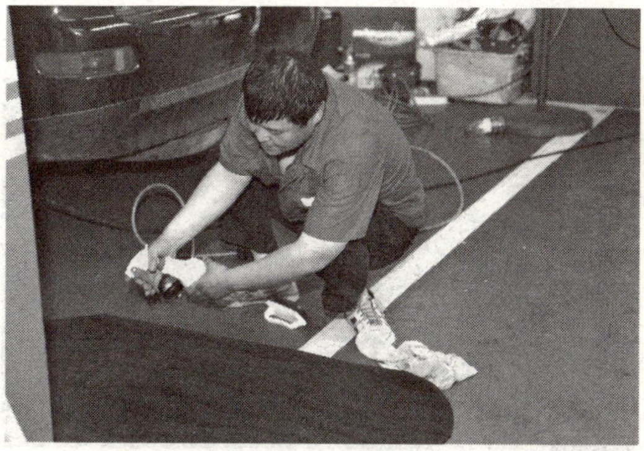

图 2-86 脚垫清洁

绒毛类脚垫吸尘后，可以用专用清洁剂少量喷洒在脚垫上刷洗，但不能过于潮湿。

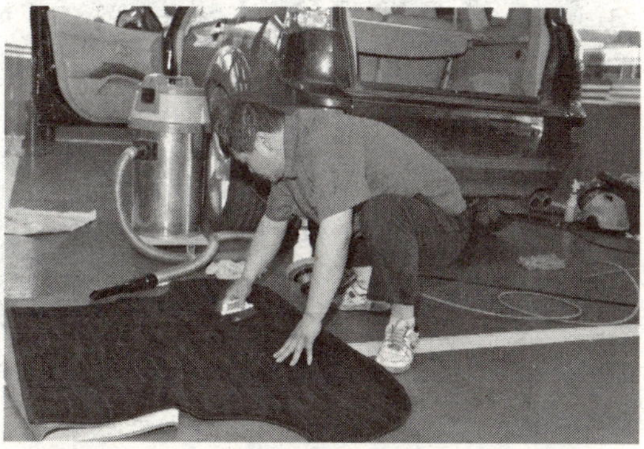

图 2-87 刷洗脚垫

利用专用刷清洗脚垫。

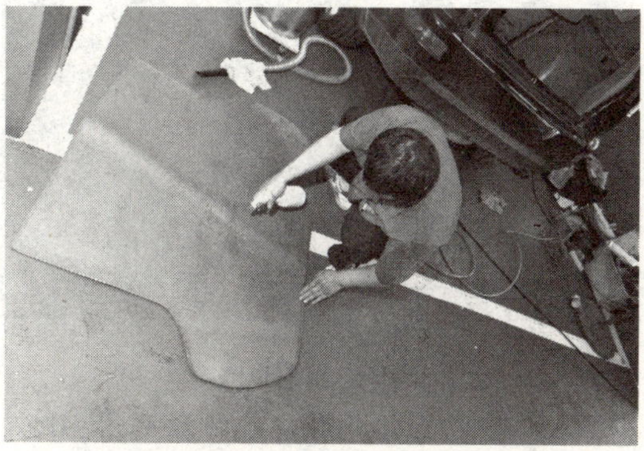

图 2-88 清洁后行李箱垫

后行李箱垫容易因为存放东西而弄脏，可以利用万用清洁剂清洁。

图 2-89 气动研磨机清洁 （一）

利用气动研磨机清洁行李箱垫可以加速清洗速度。

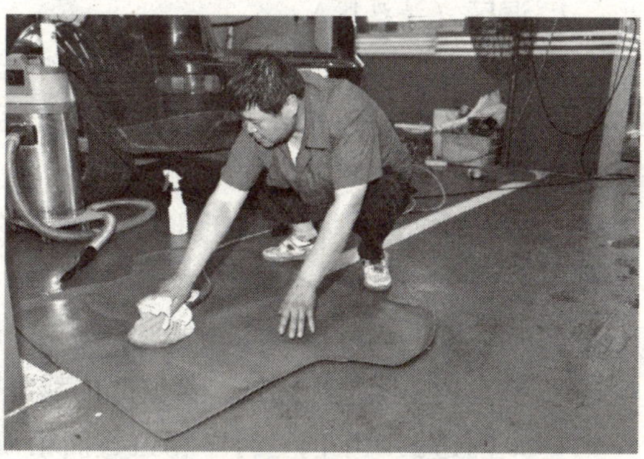

图 2-90 气动研磨机清洁 （二）

利用气动研磨机清洁行李箱垫可以增强清洗效果。

7. 空调清洁（图 2-91 ~ 图 2-94）

图 2-91 空调出风口清洁（一）

首先利用吸尘器清理空调出风口。

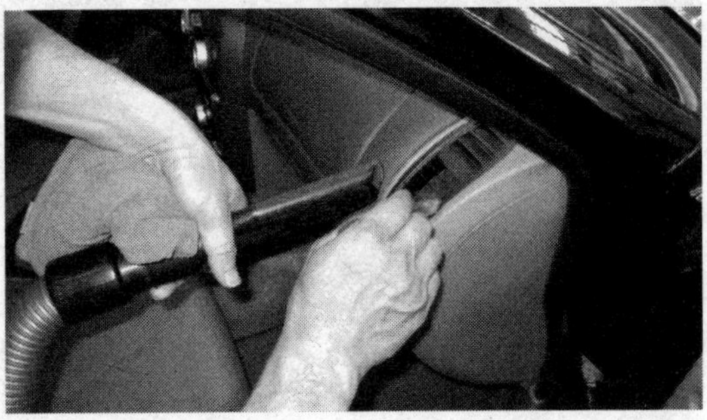

图 2-92 空调出风口清洁（二）

其次利用小毛刷与吸尘器吸取空调出风口周围的尘埃。

图 2-93 仪表板清洁

清理仪表板周围须严防任意开启电子设备及开关。

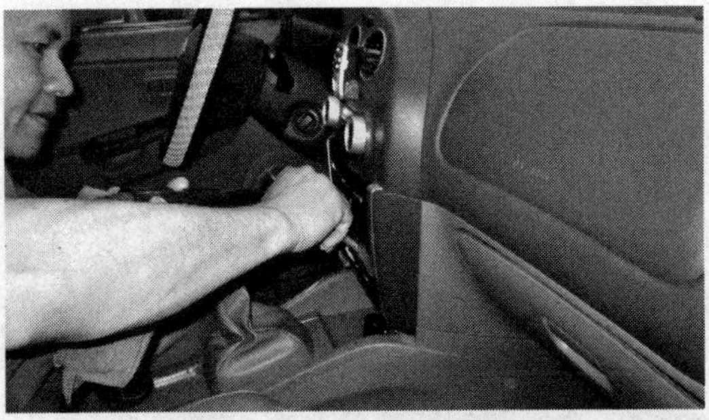

图 2-94 中央扶手清洁

利用小毛刷将灰尘扫出，再利用吸尘器吸出。

六、洗车质量标准

1. 湿区（清洗区）

（1）从湿区出来的车辆表面应全面冲洗干净，用手摸不到灰尘，没有泡沫。

（2）轮胎、轮毂、底盘没有看得见的污渍和摸得到的泥沙。

2. 干区（擦拭区）

（1）车表面：不存在有毛巾可以擦掉的污渍；没有水痕、水滴；局部顽渍要用清洁剂清理干净。

（2）玻璃：内外没有水渍、油渍、虫渍、水痕。

（3）车内：除地板之外，其他部位都要擦到、清理到，明显的污渍要用清洁剂清理干净。

（4）门边：四个门、行李箱盖、油箱盖等边框部位没有水痕、灰尘、污垢等。

（5）吸尘：烟灰缸、地板、座位、变速杆、后挡板、行李箱等部位清洁干净，没有沙尘，没有垃圾。

（6）轮胎：橡胶部位黑亮一致，打上轮胎蜡；轮毂没有水痕、可轻易擦掉的污渍。

(7) 地毯：鞋印用清洁剂进行刷洗；油渍用沥青清洁剂重点清洗；脱水后较干。

七、洗车注意事项

(1) 汽车在行驶过程中会逐步沉积灰尘和污垢，因此要进行定期清洗。汽车表面污垢主要有两大类，第一类可以用水清洗，包括泥土、沙粒、灰尘等；第二类用水不易冲洗掉，包括炭烟、矿物油、胶质、铁锈和废气凝结物等。

第二类污垢一般可用去垢剂洗涤。在汽车去垢剂的成分中，主要包括表面活性剂和碱性电解质。某些去垢剂中还加入煤油、松节油、汽油等溶剂；另外，加入硅藻土可以增加洗涤过程中的机械摩擦作用。

(2) 汽车玻璃上的雪和冰可以通过物理及化学两种除冰方式去除。物理除冰：车主可以准备一个硬质塑料刮片，当然，也可用专用的玻璃冰霜铲，玻璃冰霜铲更加方便、快捷，而且不冻手。注意，除冰雪时要防止把玻璃刮伤，塑料刮片或玻璃冰霜铲不能来回刮，应该向同一方向推。化学除冰：喷雾除冰雪剂是一种专为结冰的车窗和刮水器解冻的高速防冻喷洒浓缩液。其可在 -30℃以下的低温时除去冰雪，同时，防止风窗玻璃和积水部位结冰，清理后玻璃光洁，不留条痕。此外，擦拭玻璃时不可用擦过车漆表面的皮布，因为防腐蚀材料的残迹会防碍视线。

(3) 为了减少眩目，车外后视镜上都涂有一层特殊的薄膜。为了不损坏这层防眩薄膜，在清洗后视镜时只能用软布或擦玻璃的皮布。必要时也可使用玻璃清洗剂或酒精，但玻璃镜面不可用抛光剂擦拭。车外后视镜上的冰和雪要尽可能用冰雪融化剂去擦，不要用硬物刮拭镜面。

精致洗车其他应注意的地方与准备工作如下。

(1) 海绵静置时，不可以沉淀在水桶底部，以免粘附桶底的泥沙。

(2) 夏天行驶时间较长易造成机件温度升高，不宜立即冲洗制动盘，以免制动盘热胀冷缩而导致变形。

(3) 冲洗散热器护罩水压不宜过高，不要直接对准散热片，以免散热片扭曲。

八、清洗发动机外部

发动机外部除了要保持美观外，还必须保持清洁，这对于保障正常运行十分重要。由于汽车行驶环境复杂，而发动机室不是密封的，汽车在行驶过程中卷起的沙砾尘土会从发动机室下部钻入，飞落于发动机表面，加之发动机长时间在高温下工作，有时还有漏油等现象发生，如果长时间不对发动机外部进行清洁护理，就会使发动机表面形成厚厚的油泥性腐蚀物。这些腐蚀物将渗透于发动机表面各部件，造成金属部件生锈、塑料部件老化和变形等问题。所以发动机外部护理在汽车美容护理中是非常重要、不可缺少的服务项目。下面将介绍如何对发动机的外表进行护理，避免因各种氧化的产生而损坏发动机。

首先将汽车电器用塑料薄膜遮罩，然后用半湿性毛巾压盖于薄膜上，以防高压水冲进分电器，致使汽车难以起动。之后使用高压水枪由发动机侧面按从上到下的顺序将发动机室内侧及发动机外表的附着污物冲净，然后直接将发动机外部清洗剂均匀喷洒于淋湿后的发动机及发动机室周边，用纤维毛刷清洗发动机室内所能触及到的所有部件，最后用高压水枪快速冲净刷洗掉的污物。清洗完发动机室，用相同步骤对发动机表面进行清洗，反复操作，直至将发动机外表清洗干净。最后将冲洗干净的发动机用半湿性毛巾擦干，并用吸尘吸水风干机将手不易触及的地方吸干，然后风干。待完全风干后，用塑料橡胶保护剂对发动机室内侧的塑料橡胶部件进行上光，然后再将金属部件镀膜。

1. 清洗发动机注意事项

（1）清洗发动机表面时，应在刷洗掉的污物未被风干前快速将其冲净，否则应使用半湿性毛巾配合施工。

（2）清洁发动机表面的金属部件时，可使用金属抛光剂或漆面研磨剂进行清洁，但塑料或橡胶部件则不允许使用此方法。

（3）清洗后的发动机应在起动前将电路系统彻底风干。

（4）发动机在上光镀膜之前，应将非原装线路重新包裹，然后进行上光护理。

（5）清洗后的发动机表面应在上光镀膜之前将水分完全清除，如果在潮湿的部件表面上光镀膜，待保护剂下的水分挥发后，保护剂也会随之挥发。

（6）施工完毕后，应对发动机外表进行检验，并对遗漏的地方采取补救措施。

2. 清洗发动机实务

清洗过程中如能及时地发现车辆所存在的问题，及时维护，如发动机的燃油管是否老化、渗油，电线等是否表面完好无破损、插接件是否连接不实等，可有效地防止发动机自燃与故障的出现。清洗发动机方法如图 2-95 ~ 图 2-102 所示。

图 2-95 清洗发动机室前

发动机室内容易有油污、沙尘积存，而导致机件老化和毁坏。定期清洗有助于发动机室内正常运作。注：电气设备可利用保鲜膜绝缘包覆。

图 2-96 喷洒专用清洁剂

首先将发动机油污清洁剂喷洒在发动机室内机件上，特别是油污积存严重的地方，静待 3 ~ 5min 再进行刷洗。

图 2-97 采用毛刷处理塑料零件

喷洒发动机油污清洁剂后利用毛刷仔细刷洗室内塑料零件及油污较多处。

图 2-98 采用毛刷处理金属配件

喷洒发动机油污清洁剂后利用毛刷仔细刷洗室内金属配件，有些配件角落刷洗不易，可自制特殊工具刷洗。

图 2-99 高压清洗发动机室

刷洗后利用高压清洗设备清洗发动机室，注意不能在同一处停留很长时间。注：冲洗前，再次确认绝缘包覆处是否妥善，水柱勿对准包覆处冲洗。

图 2-100 利用风枪吹除水分

清洗完毕后利用风枪吹除滞留水分，并尽量促使干燥。注意风枪的强度，避免水溅及眼睛，若不慎触及眼睛，请以大量清水冲洗。

图 2-101 利用干布擦拭及喷上保护剂

吹拭干净后，可对橡胶管路及线束喷上橡胶保护剂，并用干布擦拭均匀以进行保护。

图 2-102 竣工完成图

竣工后不会立即完全干燥，可以起动发动机约 10min 让其自然风干。

汽车清洗流程请参考表2-1，实务操作检核时请参考表2-2精致洗车服务项目检查表。本章中所提示的洗车和擦车注意事项，能有效防止车漆表面划痕隐忧，避免日后车漆表面需要研磨或抛光来恢复。

表2-2　精致洗车服务项目检查表

<table>
<tr><td colspan="9">汽车服务事业
精致洗车检查表</td></tr>
<tr><td>车号</td><td></td><td>车型</td><td></td><td rowspan="2">车主</td><td rowspan="2"></td><td rowspan="2">电话号码</td><td rowspan="2"></td><td>联系地址</td></tr>
<tr><td></td><td colspan="3">是否清洁</td><td></td></tr>
<tr><td>项目</td><td>合格
是</td><td colspan="2">不合格
否</td><td colspan="5">备　注</td></tr>
<tr><td>后保险杠下缘</td><td></td><td colspan="2"></td><td colspan="5"></td></tr>
<tr><td>左后轮弧凹缘</td><td></td><td colspan="2"></td><td colspan="5"></td></tr>
<tr><td>左后轮毂沟槽</td><td></td><td colspan="2"></td><td colspan="5"></td></tr>
<tr><td>门外水切护条水滴（左侧）</td><td></td><td colspan="2"></td><td colspan="5"></td></tr>
<tr><td>左后视镜内侧</td><td></td><td colspan="2"></td><td colspan="5"></td></tr>
<tr><td>左后视镜下缘</td><td></td><td colspan="2"></td><td colspan="5"></td></tr>
<tr><td>前左轮弧凹缘</td><td></td><td colspan="2"></td><td colspan="5"></td></tr>
<tr><td>前左轮毂沟槽</td><td></td><td colspan="2"></td><td colspan="5"></td></tr>
<tr><td>前保险杠下缘</td><td></td><td colspan="2"></td><td colspan="5"></td></tr>
<tr><td>前右轮弧凹缘</td><td></td><td colspan="2"></td><td colspan="5"></td></tr>
<tr><td>前右轮毂沟槽</td><td></td><td colspan="2"></td><td colspan="5"></td></tr>
<tr><td>右后视镜内侧</td><td></td><td colspan="2"></td><td colspan="5"></td></tr>
<tr><td>右后视镜下缘</td><td></td><td colspan="2"></td><td colspan="5"></td></tr>
<tr><td>门外水切护条水滴（右侧）</td><td></td><td colspan="2"></td><td colspan="5"></td></tr>
<tr><td>右后轮弧凹缘</td><td></td><td colspan="2"></td><td colspan="5"></td></tr>
<tr><td>右后轮毂沟槽</td><td></td><td colspan="2"></td><td colspan="5"></td></tr>
<tr><td>轮胎上保护油</td><td></td><td colspan="2"></td><td colspan="5"></td></tr>
</table>

检查人员签名　　　　　　　　　　　日期

思考题：

1. 正确的清洗车身的作业流程应从哪个部位开始清洗？
2. 精致洗车服务项目检查表在哪个服务环节时应用？可提升服务质量？

第三章 车漆修护与保养

本章学习目的：

- 了解汽车漆面的相关知识
- 熟悉汽车漆面构造
- 认识汽车漆面修护及保养的相关工具设备
- 掌握汽车漆面研磨及抛光技巧与流程
- 掌握汽车漆面失光的处理技巧与流程
- 掌握汽车漆面保护剂处理实操技巧与流程

随着时代的发展，汽车相关产品的性能也在不断地提高，如汽车油漆。今天，更高级、更成熟的汽车油漆应有大概以下三个方面的标志。首先是颜色的选择，其次是油漆的技术，第三个是油漆的环保性。

一、汽车漆面简介

汽车油漆的用途主要是为了保护车体不被腐蚀，其次还能增加车的美观程度，是大多车主张扬个性的一种表现方式。车漆的组合与结构如下。

1. 汽车油漆基本成分

汽车油漆一般有四种基本成分：成膜物质（树脂）、颜料（包括体质颜料）、溶剂和添加剂。

（1）成膜物质。成膜物质是油漆的主体成分，其作用是使颜料保持明亮状态，并能坚固耐久地粘附在物体表面，是决定油漆类型的物质。其一般由干性油或半干性油改性的天然树脂（如松香）、人造树脂（如失水苹果酸树脂）、合成树脂类（如甲基丙烯酸甲酯、聚氨基甲酸乙酯、聚苯乙烯、聚氯乙烯等）制成。通常通过添加增塑剂和催化剂来调整、改进它的耐久性、附着力、防蚀性、耐磨性和韧性。

（2）颜料。颜料是油漆中两种不挥发物质之一，它赋予油漆色彩和耐久性，同时使油漆具有遮盖力，提高防护强度和附着力，并改变光泽、改善流动性和涂装性能。

（3）溶剂。溶剂是油漆中的挥发成分，它的主要作用是充分溶解漆膜中的树脂，使油漆能正常涂抹。优质的溶剂能改善油漆的涂抹性能和漆膜特性，增强光泽，减小油漆网纹，从而减少抛光工作量，同时也有助于更精确地配色。

（4）添加剂。近十多年来油漆工艺发生了巨大的变化，添加剂的使用也越来越常见。虽然添加剂在油漆中的比例不超过5%，但它们起着各种重要作用。有能加速干燥并增强光泽的固化剂，有减缓干燥速度的缓凝剂，还有能减弱光泽的消光剂。有些添加剂起的是综合作用，即减少起皱、加速干燥、防止发白、提高耐化学物质的能力。

2. 汽车漆的划分

汽车油漆的发展，经过了三个主要飞跃：20 世纪 20 年代的醇酸（磁）漆、60 年代的丙烯酸（磁）漆和80 年代的透明漆（氨基甲酸酯）。为了便于理解，本书把汽车漆简单划为普通漆和透明漆（镜面清漆）。

一般来说，两种漆具有相同的结构：金属材料—电解漆—底漆—色漆（普通漆）。透明漆比普通漆要多一层，通常用聚氨酯或氨基甲酸酯作为材质的透明表层——透明漆。

3. 普通漆与透明漆的识别

（1）方法之一：目测。透明漆光泽的层次比普通漆要深。

（2）方法之二：试验。用湿布沾一点研磨剂在车身上不显眼处磨几下，布上若有颜色，则是普通漆；反之，则是透明漆。在难以目测的情况下，可假设它是透明漆，并按护理透明漆的程序来工作。

事实上，透明漆的出现有两个目的，一是增加漆的亮度和反光度；二是用以保护色漆层。但值得注意的是，由于透明漆的出现，现有色漆的厚度要比以前薄得多，有些车的色漆薄于千分之一英寸（约2.54×10^{-5}m）。因为原来的色彩层不但是美观层，也是保护层。有了透明漆，它只起美观作用，因而没有必要涂得很厚。

4. 透明漆的特点

（1）透明漆美观，光泽度很高，但又易出现划痕。如果我们洗过车子后，用稍有些发硬的毛巾或麂皮去擦车，结果会发现发丝划痕。

（2）目前采用的透明漆材料有四种：氨基甲酸酯、聚氨酯、氟、聚酯。

（3）透明漆一般有减少紫外线照射的保护功能（色漆不含此功能），只要透明层完好无损，它可有效地延缓色漆的老化（褪色）。

（4）透明漆护理得好坏，一般是通过“倒影线条”来反映的。拿一张报纸，放在汽车漆前面，若能从透明漆反射的影中读报，说明此车的透明漆有影深，表层也光滑如镜。而普通漆得不到这种效果。

（5）透明漆比普通漆更易受到环境污染的侵蚀。有害物质，如酸雨、酸雾、酸雪等，一旦这些物质落在车上，加上空气的水分，它们随即会变成腐蚀透明漆的酸性溶液。稍一加温（阳光中的紫外线），便开始发生化学反应侵蚀汽车漆的保护层。一次、两次并不明显，但若长期不做护理，最终这种化学反应会侵蚀到色彩层、底漆层和金属。

5. 汽车漆面结构

汽车涂料（油漆）一般都是烘烤漆。在汽车生产厂，车架、车壳焊接完成后的下一道工序就是上漆。一般来说，首先是上底漆，将光车壳浸入漆槽，然后取出烘干底漆。之后送入无尘车间，用静电喷漆工艺喷上面漆，并用200℃左右的温度烘干，最后再上一层清漆。这样，涂装工序就大功告成了。一般面漆有几种：普通漆、金属漆、珠光漆等。普通漆含有树脂、颜料和添加剂；金属漆多添加了铝粉，因此感觉非常耀眼；珠光漆中加入的是云母粒，云母是很薄的一片片的东西，因而反光有方向性，增添了色彩斑斓的效果。若金属漆再加上清漆层，车漆就显得更加亮丽。漆面修补过车辆漆面分层结构如图 3-1 所示。

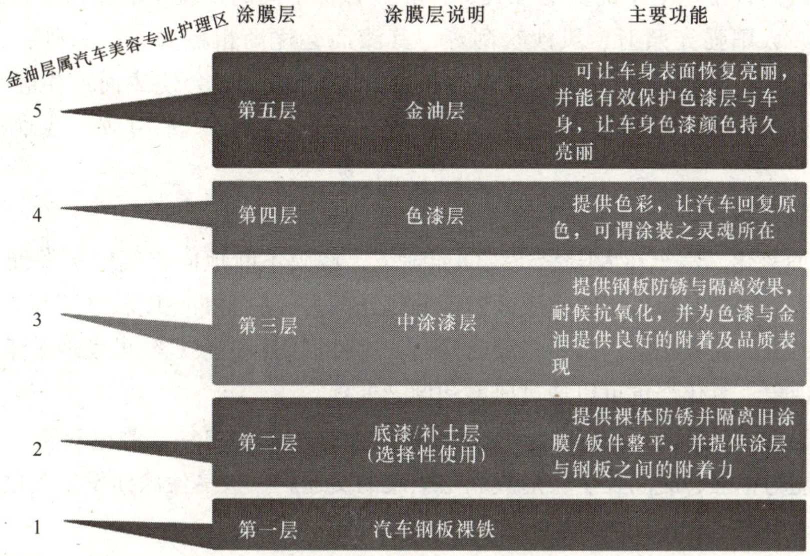

图 3-1 漆面修补过车辆漆面分层结构

6. 褪色和失光原因

(1) 自然因素。汽车在使用过程中受到气候、自然环境侵蚀和交通膜静电层的吸附作用等影响，漆面会遭受腐蚀和损伤，造成漆面褪色和失光。这种现象，用放大镜观察漆面无明显划痕，斑点较小。

(2) 人为因素。汽车所用的涂装材料质量较差，新车开蜡用品选择或操作方式不当；洗车时水质较差，清洗方法不正确，选用了碱性的清洗剂且冲洗压力过高；漆面护理用品质量较差，漆面护理不及时，使漆面出现不应有的侵蚀等。

(3) 其他因素。漆面上留有小水滴时产生的透镜效应，使焦点处的温度高达 800 ~ 1000℃，导致漆面被灼蚀，出现肉眼看不见的小孔。若漆面灼伤范围较大，密度较高，就会出现失光现象。此外，任何涂料都有一定的使用寿命，随着使用时间的增长，漆面难以避免被氧化腐蚀，逐步老化，出现褪色和失光现象。

7. 褪色和失光处理

褪色和失光一般应根据漆面受损程度来进行处理。

(1) 抛光研磨。漆面轻微褪色和失光，可采均抛光研磨的方法，然后上蜡抛光，即可恢复漆面光泽。

(2) 上有色蜡。有色蜡又称彩蜡，主要作用是增色，内含少量的彩釉，可使同色系车辆的漆面更加艳丽。由于彩蜡具有增色、添补及遮盖功能，所以可使褪色和失光漆面还原。

(3) 喷涂翻新。对于严重自然老化，漆面侵蚀严重的褪色和失光，则应采用喷涂翻新的方法来恢复漆面的光彩（喷涂翻新的烘烤温度约60～70℃）。

二、漆面损伤症状及处理方法

汽车是人们日常生活中的交通工具，行驶在各种不同的环境中。车身漆面经过长时间的风雨侵蚀、太阳强光照射、风沙吹刮等，其漆面会逐渐粗糙失光。另外，行车当中不注意，与其他物体或车辆剐擦，以及车辆被人恶意划伤，都会使漆面产生各种损伤。一般一年以上的旧车漆面会产生氧化膜、交通膜、褪色、蚀痕、水痕纹、浅划痕等各种损伤症状。

1. 漆面损伤症状

(1) 漆面氧化。汽车在太阳紫外线的照射下，漆膜不断地向空气中蒸发油分以达到保护自身的作用。这样时间长了会使漆面的油分过分散失，漆面的亮度和厚度都大大降低，使漆面慢慢发白，形成氧化层，缩短车漆的寿命。这种损伤从肉眼观察可发现车漆有发乌、发白、无光泽现象。氧化严重可以通过研磨和抛光处理。

(2) 交通膜。汽车在行驶中与空气摩擦而产生强烈的静电层。静电对灰尘、油污和化学粉尘吸附能力很强，时间长了会形成一层坚硬的交通膜，极易使漆面发生氧化腐蚀。产生交通膜时可通过研磨、抛光处理。

(3) 龟裂。如果平时不对漆面作一些必要的护理，金属漆可能产生一种非常细微的裂痕，它会不断地延展，直至“击穿”整个色漆层，这种现象叫“龟裂”。有时因为重喷漆质量的问题，也会产生龟裂。如果裂纹中有车蜡，会发现车身有条纹状（拖尾纹）的龟裂现象。经常打蜡可减少龟裂产生。

(4) 褪色。大气中的油烟和污染物是造成车漆褪色、变色的主要原因。褪色与氧化不同，发生褪色时，车漆出现不均匀的色差。中、轻度的褪色可通过研磨、抛光解决，严重时必须重新喷漆。

(5) 蚀痕。蚀痕是面状磨蚀。昆虫、鸟粪、树汁、焦油、沥青都有可能引起蚀痕。蚀痕严重时一般只能通过涂装解决，只有很轻微的可用研磨抛光解决。

(6) 浅划痕。由于使用中有摩擦及日常护理不当，时间长了车漆面会出现轻微划痕，但并未露出底漆。这种划痕在阳光下大为明显，一般采用专业的抛光方法可以去除。

(7) 水痕纹。水痕纹呈环状，是水滴蒸发后留下的痕迹。氧化的车身和常用洗涤灵清洗的车身更容易染上“水痕病”。轻微水痕纹可通过打蜡抛光解决，严重时需研磨或喷漆。

现代意义上的汽车，其车身系统的保养重要性超过任何系统，也就是说，若钣金件及面漆不良，而仍不注意保养，汽车使用价值会大打折扣。即使其发动机状况再好，也无法保证车辆使用寿命。所以有车的人应该时时关注自己的车的漆面是否已有损伤症状，定点定时为车辆做漆面美容护理。而专业意义上的漆面美容护理是使车辆亮丽增辉，提高车辆防护外界侵蚀能力，延长车辆使用寿命的系统、规范、专业化的作业项目。

2. 处理方法

汽车在使用了一段时间之后，漆面或多或少会被氧化，如果不及时采取有效的方法对漆面氧化进行处理，轻则会影响到汽车的外观装饰性，重则会导致漆面穿蚀，而最终腐蚀车身钢板。有些人认为只要经常勤洗车、打蜡就够了，其实洗车、打蜡只能清除车身表面的尘埃，根本无法将渗透至漆膜的氧化物完全清除，只有及时采取有效措施，对漆面氧化进行处理，才能完全减缓或阻止漆面的继续氧化，让汽车在整个使用过程中保持如新。

（1）检测车漆表面氧化程度。检测车漆表面氧化程度最好的方法是使用感光测试仪，但它属于专用设备，一般车主还不具备这样条件。而最简易实用的还是用水进行检测。车漆表面氧化程度的检测方法介绍如下。

首先用脱蜡洗车液对车体进行一次彻底清洁；然后用干净的半湿毛巾将车体擦干，切记不能用麂皮代替毛巾；最后用水管将清水均匀喷洒车体两次，并观察车漆表面的水纹流动情况。

1）A 级标准：车漆表面光泽度极佳，显现出优良的切水效果，并向两边斜下方有规律地快速流淌，无过水痕迹。

B 级标准：车漆表面光泽度很好，显现出良好的切水线，切割水平面的过程中留有少许水珠。

C 级标准：车漆表面光泽度较好，显现出无规律切水线，并在切割水平面后，车漆表面留有水珠。

2）A 级氧化：车漆表面呈哑光色，表面存在树胶、沥青、虫尸、水痕等残留氧化物，并有明显的不规则块状斑点。

B 级氧化：车漆表面光泽度较低，在日光下侧面观察，车漆表面呈现出有规律线状蜗纹，有少许树胶、虫尸等其他残留物。

C 级氧化：车漆表面光泽度不高，无残留氧化物，表面无切水线，呈现无规律状流淌，并存有少许小块不规则水纹。

（2）处理车漆氧化的方法。用专业脱蜡洗车液来洗车可减缓车漆的氧化，但无法阻止它。轻微氧化时，可用蜡来除去，但如果属于前面列出的三种情况，即 C 级氧化、B 级氧化或 A 级氧化的就需要进行必要的处理。由于漆面氧化的程度各不相同，所以在处理时也应该采取不同的方法。

C 级氧化属于比较轻微的氧化，具体处理方法：

1）将车体用脱蜡洗车液彻底清洗并擦干。

2）用研磨抛光机配合还原剂对其进行抛光，或直接进行复颜、还原。

3）抛光后无需擦拭，用抛光巾将边棱拐角处残留的抛光膏清除。

4）将车蜡均匀涂抹于漆面，然后用打蜡机抛光即可，边棱拐角处用抛光巾清除干净。

B 级氧化程度相对于 C 级氧化要重一些，因此其处理方法稍有不同，需要使用微切研磨剂进行研磨。具体方法：

1）将车体用脱蜡洗车液清洁，无需擦干。

2）使用抛光剂对漆面进行抛光。

3）用脱蜡洗车液将车体再次进行清洗，洗掉残留的抛光剂后擦干车体。

4）用抛光机配合还原剂对漆面还原，并将边棱拐角处残留的抛光膏清除。

5）将车体均匀涂抹车蜡，然后用打蜡机进行抛光，并将边棱拐角处残留的车蜡用抛光巾清除。

达到A级氧化程度，说明车漆氧化十分严重，进行处理时需要使用研磨剂来清除漆面上的氧化层，具体方法：

1）将车体用脱蜡洗车液彻底清洁，无需擦干。

2）先使用黏土把漆面的氧化层、污物做整平、去除。注意黏土的清洁性。

3）使用研磨剂对车体漆面进行研磨。

4）用脱蜡洗车液将车体清洁，洗掉残留的研磨剂后擦干车体。

5）再用研磨抛光机配合抛光剂对漆面进行抛光。

6）用脱蜡洗车液将车体清洁，洗掉残留的抛光剂后擦干车体。

7）用抛光机配合还原剂对漆面还原，并将边棱拐角处残留的抛光膏清除。

8）将车体均匀涂抹车蜡，然后用打蜡机抛光，最后将边棱拐角处残留的车蜡用抛光巾清除。

三、美容黏土（俗称瓷土）

汽车美容施工之前，如果车身很脏，可应用美容黏土，先把脏污清理一遍，这样可以防止施工中出现二次划痕的机会。

在施工之前须依车况决定是否需要用粗蜡来研磨整平。若是漆面严重受损或车龄较久则必须使用粗蜡研磨剂进行漆面整平。在施工时须根据电动研磨机的转速（约1000～1200r/min）选用羊毛轮或硬海绵轮以便获得较大的切削力，并且注意在施压时要根据不同的结构、形状施加不同的压力。

美容黏土的使用方法如图3-2～图3-5所示。

图3-2 美容黏土

使用时先将美容黏土搓软，制成掌心大小放于手掌中。

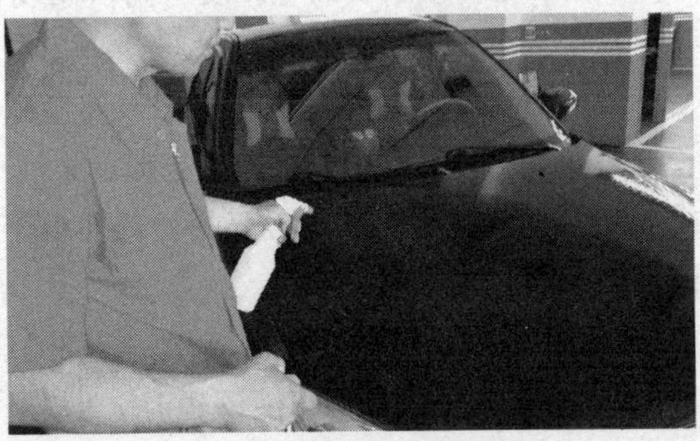

图3-3 在发动机盖上喷上清水

用喷壶在发动机盖上喷上清水以利于美容黏土施工，作为美容黏土研磨时的润滑剂。注：目前市面上也有贩售魔术黏土布，在施工方面更为方便。

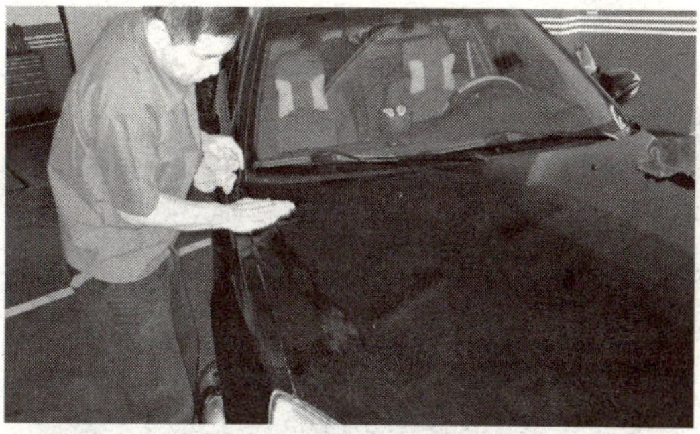

图 3-4 美容黏土使用技巧

用掌心控制美容黏土，每次研磨时以一个小区域范围为主，然后均匀研磨，并且一面研磨一面感受研磨后漆面是否还有粗糙的感觉。注：研磨时要观察美容黏土的研磨面是否沾到太多杂物。若是，则必须将黏土折一个清洁面后再继续研磨，避免沙粒、杂物造成二次研磨伤害。

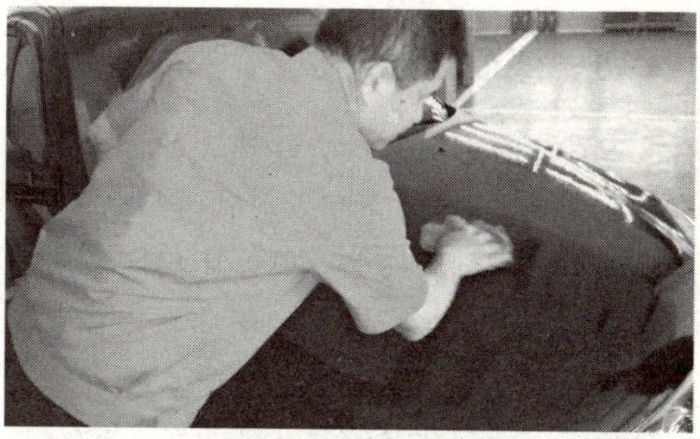

图 3-5 利用干毛巾擦拭

用干毛巾擦拭潮湿漆面，等干燥后检查漆面是否还有杂质，并用手触摸漆面感觉是否滑顺。

四、防护措施

美容施工前要先做必要的防护，包括外水切、标志、前风窗玻璃、刮水器盖板及轮胎，以防打蜡时污染及打磨时损伤塑胶元件。

1. 个人卫生防护

一个专业汽车美容技师，在施工前首先须做好个人的卫生防护，请参考第七章汽车美容施工安全防护。

2. 车辆的防护（施工前准备）

车辆的防护如图 3-6 ~ 图 3-8 所示。

图 3-6 美容施工前准备工作 （一）

美容前必须做防护，避免蜡或蜡粉飞溅污染玻璃、刮水器盖板、轮胎面、轮毂，避免竣工后做无谓的清洁工作而增加工时。

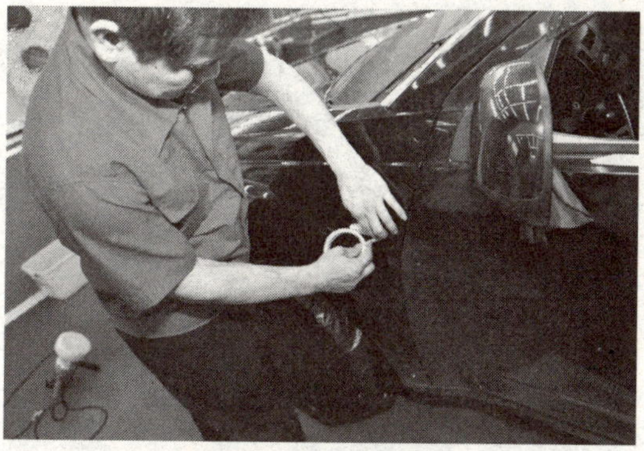

图 3-7 美容施工前准备工作 （二）

屋顶押条、门外水切、橡胶部分、护条部分、灯类边缘，甚至外把手等塑胶类的元件，在施工中容易造成边缘沾粘到蜡，导致损坏以及泛白的现象。

五、漆面划痕修护

图3-8 美容施工前准备工作（三）

必须在外水切上贴上美纹纸。

一般漆面划痕修护方法建议使用水砂纸在2000号~4000号之间，水砂纸号数越大，颗粒越小，切削力较差，但使用后所留下的砂痕越细，最后去除砂痕的程序越简单。例如，使用2000号的水砂纸处理后，漆面留下的砂痕要用中目蜡及细蜡才能去除；3000号的砂痕用细蜡就能有效去除；4000号留下的砂痕几乎不需要或略微用细蜡处理一下即可，水砂纸可有效及快速地去除面漆上较深的划痕或硬化凸起物。使用方式是先将水砂纸浸水软化，把一张水砂纸一分为二或四等分，以个人操作习惯为主；然后以水磨方式进行研磨注意研磨方向必须是同一水平方向，切勿以打圆画圈方式进行，将刮痕处或硬化凸起物小心地磨平；再依据情况选用修护蜡，去除磨掉砂纸痕；最后再打上美容蜡保护漆面即可。

划痕处理的过程如图3-9、图3-10所示。

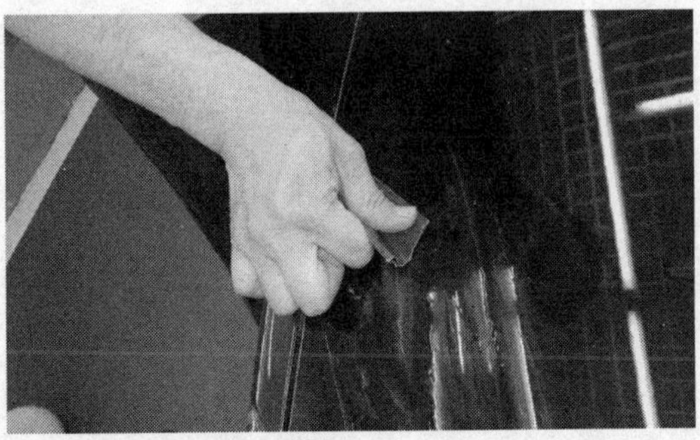

图3-9 划痕处理（一）

利用2000号水细砂纸在划痕处研磨，将划痕整平，但需注意切勿过度研磨，以免造成漏底漆的现象。因为漆面清漆层的厚度大约在0.6mm左右，因此在利用水细砂纸研磨时要非常小心。

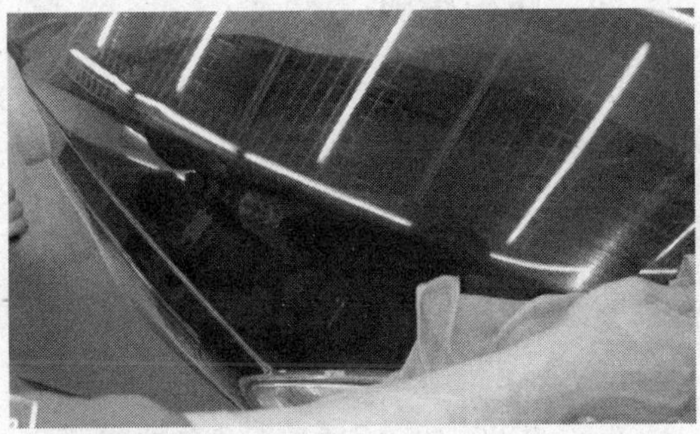

图3-10 划痕处理（二）

研磨后利用干布擦干研磨处，查看划痕是否已被整平。再使用中目蜡去除水砂纸所残留的划痕，使用抛光蜡把漆面提色，恢复漆面的光泽。

六、研磨与抛光设备

在车漆施工前，选用合适的工具是非常重要的。选对工具可以提高效率，对避免漆面划痕的产生以及提高施工质量也有非常重要的影响。因此，选用正确的工具，是做好汽车美容的重要环节。

用于研磨与抛光的设备是研磨-抛光机，该设备集研磨和抛光于一体，安装研磨盘可进行研磨作业，安装抛光盘可进行抛光作业。研磨-抛光机是通过旋转研磨盘或抛光盘来平滑、抛光漆面，以除去微小的漆面缺陷，并提高光亮度。为方便叙述，下面将研磨-抛光机简称为研磨机。

1. 研磨机的种类

研磨机的种类主要按功能和转速来划分。

(1) 按功能分

1）双轮电动研磨机。它既能安上砂轮打磨金属材料，又能换上研磨盘或抛光盘作车身护理。专业双轮电动研磨机正面如图 3-11 所示，背面如图 3-12 所示。此机型较重，但工作起来平稳、不易损坏，而且转速可调，适用于专业汽车美容使用。

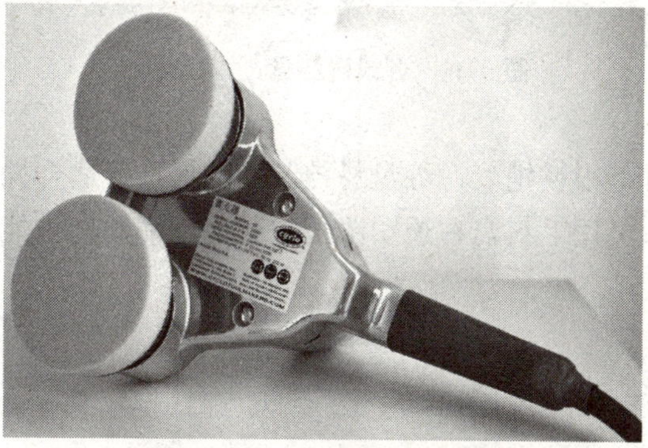

图 3-11 双轮电动研磨机正面

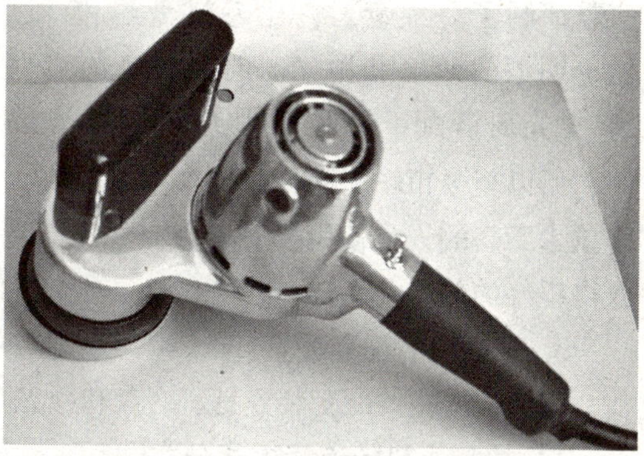

图 3-12 双轮电动研磨机背面

2）简易型气动研磨机。单功能型研磨机一般称简易型气动研磨机如图 3-13 所示，该机型体积小，转速低且不可调，使用时容易掌握平衡，但整体作业质量偏差。由于机重较轻，使用时虽容易掌握平衡，但仅用于面积较小的漆面，一般不用此类机型用于大面积漆面，可用于大灯修复，边角修复。

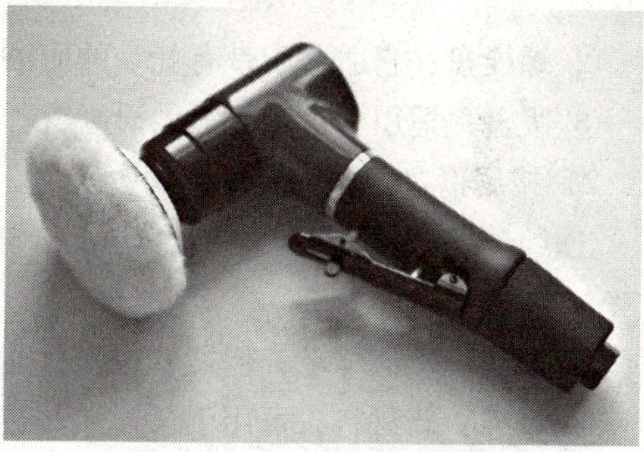

图 3-13 简易型气动研磨机

(2) 按转速分

1）高速研磨机（抛光机）：1750 ~ 3000r/min，转速可调。

2）中速研磨机：1200 ~ 1600r/min，转速可调。

3）低速研磨机：1200r/min，转速不可调。

2. 研磨机的构造

研磨机主要由壳体、电动机、控制机构及配套装置组成。配套装置主要有研磨盘和抛光盘，其材料分为全毛、混纺毛、海绵三种。

各种研磨盘、抛光盘的厚度及形状也不一样，如图 3-14 所示。美式的圆盘直径 177.8 ~ 254mm（7 ~ 10in），厚 25.4 ~ 31.75mm（1 ~ 1.25in），有平底和波纹底两种。欧式的圆盘直径小，一般为 152.4mm（6in），但厚度较厚，为 50.8mm（2in），同样也有平底和波纹底两种。

一般来讲，美式盘的优点是接触面积大，容易处理凹凸不平的地方，便于掌握；欧式盘的周边有斜切面使其在操作中很平稳，加之其密度大些，切割功能较好；而波纹底盘跟平底盘相比，前者可减少研磨-抛光剂的飞溅。

从历史上讲，毛料盘是先出现的，后来又有了混纺盘。毛料盘的特点是切割能力强，在没有研磨剂的情况下，毛料盘仍有一定的摩擦能力。透明漆出现以后，因在透明漆上使用毛料盘稍有不慎便会造成划痕，于是厂家就研制了海绵盘，它比毛料盘柔和，适于做透明漆的研磨和抛光。但毛料盘与有些研磨-抛光剂搭配，研磨和抛光效果比海绵还好，所以至今市场上两种材料的盘都存在，而且都很畅销。海绵盘易控制，较保险，适合操作技术不高的人员使用。对于极有经验的专业人员用毛料盘在透明漆上进行研磨和抛光也能取得很好的效果。

图3-14　各式研磨盘、抛光盘

3. 研磨机的配套装置

研磨机的主要配套装置是研磨盘和抛光盘。研磨盘、抛光盘可以从不同的角度进行分类。

1）按与主机的连接方式分类

① 螺母盘：它与主机的连接方式是螺纹连接，且主机带有螺栓接头。大部分的抛光盘属这类。

② 螺栓盘：它适合于带有托盘的研磨机。

③ 吸盘：适用于带有托盘的研磨机。

2）按研磨盘、抛光盘的材料分类

① 纯羊毛：传统切割材料，研磨功效大，用于透明漆要小心，可用于普通漆的研磨和抛光。

② 混纺：类似羊毛，但柔软得多，建议用于普通漆和透明漆的抛光。

③ 海绵：新材料，可用于普通漆和透明漆的研磨、抛光。

3）按盘的颜色选用

① 黄色盘：质地较硬，一般做重度研磨使用，获得切削力最大，可消除车身漆面上的氧化膜或划伤。

② 橘色盘：质地中硬，一般做中度研磨使用，获得切削力适中，可消除车身漆面上的氧化膜或划伤。

③ 绿色盘：质地中软，一般做轻度研磨使用，获得切削力适中，可消除车身漆面上的氧化膜或划伤。

④ 白色盘：质地柔软、细腻，一般做抛光盘使用，消除发丝划痕或抛光。

⑤ 黑色盘：质地柔和，一般做还原盘使用，适合于普通漆面的还原和透明漆面的抛光。

4）按盘的形状选用

① 直切型：直径152.4mm（6in），厚50.8mm（2 in），速度快，热能大，灵活。

② 平切型：直径203.2mm（8in），厚25.4～50.8mm（1～2in），面积大，散热好，比较稳。

③ 波纹型：直径203.2mm（8in），厚25.4～38.1mm（1～1.5in），药液不易飞溅。

研磨盘、抛光盘安装方法：

1）托盘式安装法：首先将一个硬质（硬塑料聚酯）托盘（即底盘）用螺栓固定在研磨机的机头上，托盘的另一面可粘住含有尼龙易粘平面的物体。这时我们可根据需要选择各种吸盘式的研磨盘和抛光盘，使用极为方便，只要把研磨吸盘或抛光吸盘贴在托盘上即可。此外，螺栓盘也是使用这种安装方法，即用螺钉将研磨盘或抛光盘固定在托盘上。

2）固式安装法：研磨机头不带托盘，只有一个螺栓接头，安装时需要把研磨紧固盘或抛光紧固盘拧上去，安装方法也不是很复杂。

4. 各式美容工具

各式美容工具如图3-15～图3-33所示。

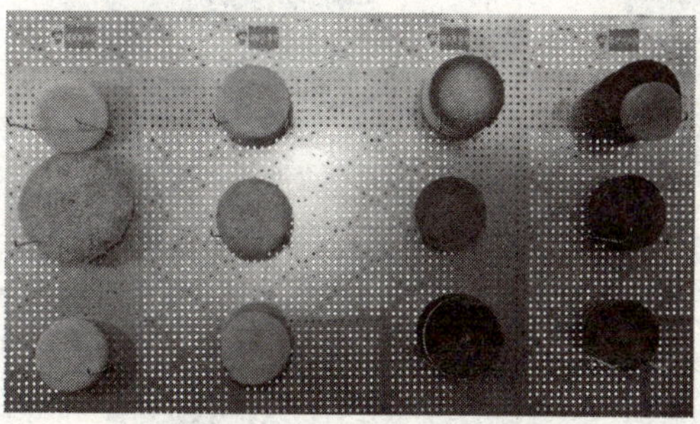

图3-15 各类研磨盘和抛光盘

羊毛轮、高密度海绵、气动上蜡绵等，切削效果不同。

图3-16 各类美容专用工具

合理搭配及应用各类专业美容工具，让汽车美容服务项目更加完善及细致。

图3-17 白海绵

密度高，切削力强，深色车及硬度高漆面使用。

图3-18 黄海绵

耐磨力强，适用研磨或抛光粗切使用。

图3-19 橘黄海绵

研磨或抛光使用。

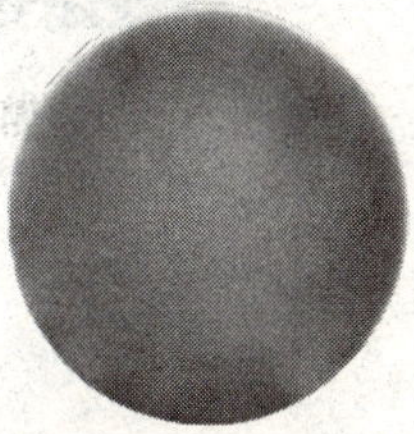

图3-20 绿海绵

研磨或抛光使用。

图 3-21 黑海绵

适用抛光剂、保护剂及深色车平整研磨使用。

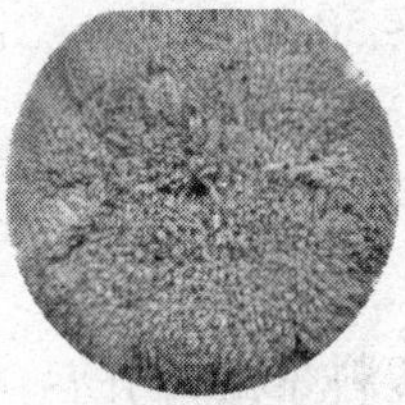

图 3-22 羊毛轮

研磨抛光时使用。

图 3-23 灰色绵

研磨或抛光使用。

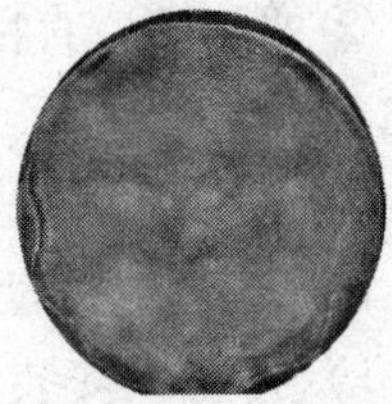

图 3-24 灰色气动上蜡绵

图 3-25 气动抛光机（一）

图 3-26 立式抛光机（一）

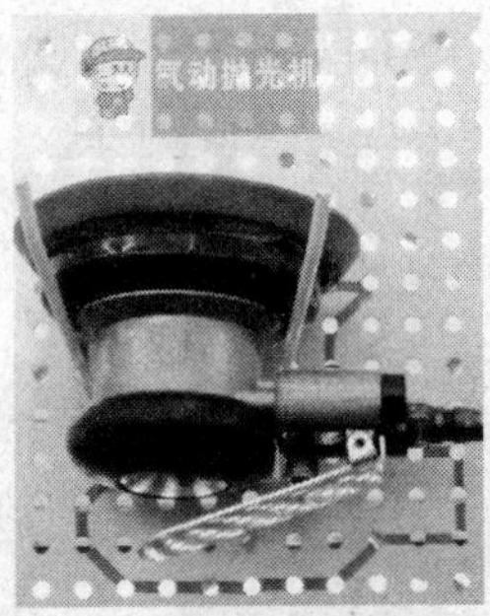

图 3-27 气动抛光机（二）

图 3-28 气动抛光机（三）

图 3-29 立式抛光机（二）

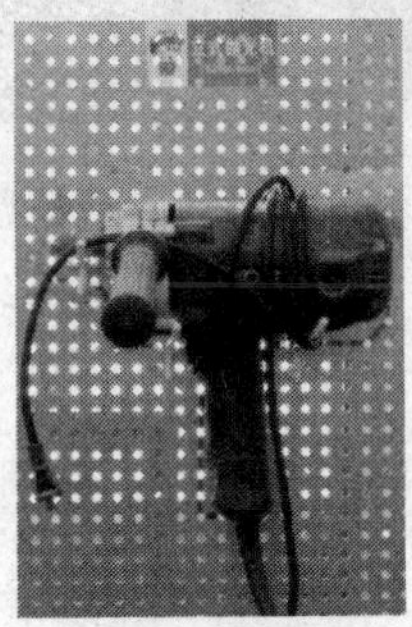

图 3-30 立式抛光机（三）

图 3-31 热风枪

图 3-32 卧式抛光机

图 3-33 风枪

七、车漆美容护理用品介绍

1. 普通漆研磨剂

这种研磨剂中含有坚固的浮岩作为摩擦材料。根据其磨料颗粒的大小可分为深切型、中切型和微切型三类。根据普通漆面的氧化、划痕、褪色等缺陷的程度选择使用。这里要特别指出，浮岩磨料的特点是坚硬、研磨速度快，在研磨过程中不会发生质的变化。所以，用在透明漆中，会把透明漆很快磨掉。因此，它不适用于透明漆。

普通漆微切研磨剂（不含硅氧烷）适合于各种普通漆的去氧化、去划痕处理，是国内大部分微型车的理想研磨材料；普通漆中切研磨剂（不含硅氧烷）用于除去普通漆面的严重氧化、中度划痕、擦伤等，也是国内大部分微型车理想的研磨材料；普通漆深切研磨剂（不含硅氧烷）为砖红色膏状研磨剂，研磨能力强，用于喷漆过程中产生的一些涂层缺陷处理如桔皮、失光等，也可以用于深度划痕处理，比较适合五年以上车龄使用。

2. 透明漆研磨剂（通用型）

透明漆研磨剂和普通研磨剂的区别在于研磨材料上有了很大的进步，以微晶体物质和全合成磨料或陶土代替了传统的浮岩，能够在一定的热量下通过化学反应变小或变无，对车漆的损伤很小。透明漆研磨剂同样也适用于普通漆的研磨，只是在研磨的速度上远不如普通漆研磨剂。目前国内可见到的透明漆研磨剂也分为三种，即微切型、中切型、深切型研磨剂。

透明漆微切研磨剂（不含硅氧烷）由高科技研磨材料配制而成。由于摩擦材料的颗粒甚微，对透明漆的损伤很小，主要用于去除透明漆的中度氧化及1200号~2000号砂纸的划痕。透明漆中切研磨剂（不含硅氧烷）是用摩擦产生的热能来达到研磨效果的，磨得深，又不会损伤透明漆层，是当今化学切割氧化和划痕的最佳用品。透明漆深切研磨剂（不含硅氧烷）在美国被称为“超级研磨剂”，也是唯一可与固体膏状强力研磨剂相媲美的液体研磨剂，对漆面的损伤很小。使用该研磨剂处理过的表面，很容易还原出诱人的光泽，它是美国目前使用量最大的研磨剂。高端汽车美容研磨剂如图3-34所示。

3. 抛光剂

抛光的目的是为了获得车漆的光泽度，其作用是消除研磨工序造成的细微划痕（如发丝划痕）；处理车漆的轻微损伤与污斑，如酸雨形成的斑点及石灰、水泥、漆点等，为还原打蜡做好准备。从抛光的目的和作用中可知，抛光时所用的抛光剂也是含有摩擦材料的研磨剂，只是所含磨料的颗粒更细。这里要说明的是，抛光蜡含有磨料和光蜡，而抛光剂不含光蜡，为了与车漆美容工序相同，把含有光蜡的抛光剂称为还原剂，而还原剂的作用是使抛光成果再上一个台阶。

一般可以透过三种途径达到抛光的目的，一是靠摩擦材料把漆面上的细微划痕除掉；二是依靠光蜡的功效，抛到一定程度后，用蜡的光泽来弥补抛光的不足；三是靠化学反应，依靠抛光剂与抛光机的转速来调节温度，从而使抛光剂与漆面之间发生化学反应，来消除细微划痕，让车漆显出其本身的光泽。

4. 增光剂

增光剂和抛光剂的唯一区别是增光剂中含蜡。它们二者在使用上的区别在于抛光剂不含蜡，可检验抛光的质量，而增光剂的抛光作用就差一些。增光剂因含有蜡质，也可以认为它是一种二合一的产品（即抛光与打蜡同时进行），可缩短操作时间，这也是汽车拍卖行喜欢使用增光剂的原因，而且许多经营二手车的人，也喜欢使用增光剂。但使用增光剂的车辆光泽保持时间不长，接触几次水后就会流失；有许多专业护理人员喜欢在抛光之后，把增光剂作为上蜡前的最后一道工序，进一步提升抛光的效果。

增光用品中常用到的增光剂和增艳剂是一种粘稠的乳状物，有宜人的香味，明黄色，内含研磨剂和天然蜡，具有抛光和上蜡双重功效，常作为抛光处理的后续产品，以增加车身的艳丽程度。该产品用于新车上光（新车不存在漆面损伤）、二手车翻新、电镀表面、不锈钢表面的上光。

5. 还原剂

所谓还原就是彻底消除抛光作业后车漆表面留下的发丝划痕、抛光盘印迹等，使打蜡前的车漆恢复到漆面原有的光泽，使抛光成果再上一个台阶。车漆表面使用还原剂后，会使没经验的人认为蜡打得非常漂亮（其实还未打蜡，此光泽是漆面固有的）。还原剂实质也是属一种抛光剂，只是它的抛光效果更佳，且含有光蜡，又增强了还原后的镜面效果。还原剂有通用型还原剂、普通漆还原剂和金属漆还原剂等。

图 3-34 高端汽车美容研磨剂

在前面介绍的护理用品中，常提到不含硅氧烷字样，因为技师一般选择不含硅氧烷的摩擦材料。硅氧烷是一种硅化合成树脂，加到摩擦材料中起到抗水、抗高温和增光的作用，能有效地防止车漆氧化，但硅氧树脂若飘落于漆面，喷涂时会出现浮漆、鱼眼等漆膜缺陷。但并不是说技师不能使用含硅氧烷的材料，只是使用时要格外注意。

八、研磨与抛光方法

研磨与抛光属同一类护理作业，它们使用的设备及操作方法基本相同，区别在于使用的护理用品及达到的目的不同。研磨用品中所含摩擦材料颗粒较大，抛光用品中所含摩擦材料颗粒较小。研磨是当油漆表面出现氧化、轻微失光或细小划痕时进行的护理作业，抛光是研磨后的一道工序，用于去除打磨痕迹。汽车美容技术表如图 3-35 所示。

1. 研磨

研磨的目的是修理划痕、去除氧化膜、网纹及除去无法清洗掉的污渍，使汽车漆膜表面相对平整光滑。研磨应选用研磨剂，该剂颗粒较大，可将车身表面不平漆面或粗粒磨去，使车身表面漆膜平滑细腻、漆层变薄。研磨必须在车体洗净后进行，操作方法如同汽车打蜡。

研磨的方法：

（1）将车身清洗干净，待水分干后，仔细检查有无残留尘土沙粒。

（2）用美容黏土打磨漆面直到没有黑污垢。

（3）选用附有羊毛球底垫的研磨机，仔细检查底垫上是否沾有异物，以免拉伤漆膜。

（4）用机器研磨剂进行全车研磨，施工时，将适量的研磨剂挤涂在羊毛底盘垫上，对漆进行研磨，在有划痕和网纹处可多使用一点研磨剂或研磨时间长些，但需要掌握好力度，

程序	研磨前	程序1 研磨一	程序2 研磨二	程序3	程序4 抛光	程序5 保护蜡	程序6 保护蜡
漆面状况	各种污染源、柏油飞漆、铁屑、虫尸等表面附着物	较深的划痕、尘粒、桔皮、垂流等	前一程序所留下的细砂纸痕、氧化层轻桔皮、油渍、水渍等	前一程序所产生的蜡痕、轮状痕、水痕、油渍及显色	前一程序所产生的中目蜡痕或雾状轮痕	全油层已镜面化，但尚有细微凹陷必须填平	交车前处理
项目	车身清洗去除各种附着污渍	1500~2000号水砂纸重磨平	氧化层、去除砂纸痕（以重度研磨剂施工）	以中目蜡做去除变得更浅	镜面原理（细蜡）	上第一道美容蜡（釉蜡）	上第二道美容蜡（氟素蜡）
专业技术	洗车后检查：漆面去除柏油、残漆、氧化铁等表面附着物等工作	使用水砂纸特深划痕、尘粒、桔皮、垂流等划痕研磨变浅	重度研磨剂去除氧化层、轻桔皮，使划痕变得更浅	中目蜡去除蜡痕、轮状痕、水渍、油渍，使划痕变得更细微	细蜡原理使漆面达到镜面效果	将釉蜡填补漆面并使釉蜡渗入金油层	用氟素蜡将漆面长效保护，使漆面产生抗酸碱，抗紫外线和耐磨搞污染的状况
基本原理		砂纸研磨前 面漆层 色漆层 车身钢板 水砂纸研磨后 面漆层 色漆层 车身钢板	重度研磨剂处理 面漆层 色漆层 车身钢板 将漆面瑕疵更细微化	中目蜡处理 面漆层 色漆层 车身钢板 将漆面瑕疵平整	细蜡处理 面漆层 色漆层 车身钢板 将漆面镜面化 （已超过汽车出厂时漆面的标准）	第一道美容蜡 面漆层 色漆层 车身钢板 将漆面填缝上釉蜡	第二道美容蜡 面漆层 色漆层 车身钢板 将漆面保护起来

图 3-35 汽车美容技术表

否则会击穿漆层。

（5）使用研磨机在进行漆面作业时或在塑料件及补过漆的部位研磨时，要掌握好持机力度，电动机转速不可超过 2000r/min。

（6）对无法使用研磨机处理的部位，可用棉布沾少许手工研磨剂，均匀地摩擦漆面，然后用干净的软布擦去漆面上经研磨留下的粉状沉积物。

2. 一般重度研磨剂（粗蜡或 G3 蜡）

这种研磨剂主要成分以重度研磨剂、溶剂、树脂、水组成，因为研磨剂内的颗粒较粗，对于烤漆完毕的车辆可以去除 1500 号砂纸研磨所产生的砂纸痕。若施工中以半干湿的轮盘研磨效果极佳。注意研磨时，不宜使漆面温度太高。

研磨的具体操作步骤如图 3-36 ~ 图 3-45 所示。

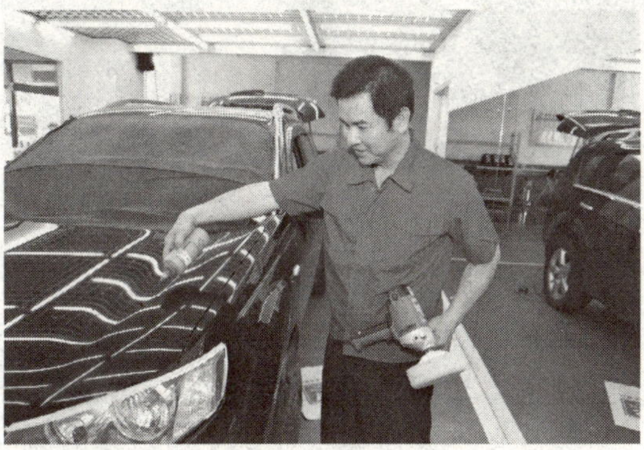

图 3-36 上重度研磨剂

选择施工范围，每次以小区域为主，该研磨剂含有较粗的研磨颗粒，因此选择硬质海绵，以获得足够的切削力。注意研磨过程中海绵盘的清洁度，以便了解漆面的清洁度。

图 3-37 研磨

上蜡时，研磨剂勿涂抹太多。海绵干燥时，勿直接启动机器，以免海绵表面与漆面直接干摩擦，产生划痕。以交叉十字方式，与肩同宽的范围均匀研磨。注意海绵面的清洁。

图 3-38 大面积平面研磨

在进行大面积平面研磨之前，也可以先把边框研磨完成，避免发动机盖与叶子板之间的缝隙藏蜡。然后再进行大面积的研磨，注意转速及海绵的清洁度。

图 3-39 棱角边角研磨

棱角、棱线因为着漆的程度不同，一般比较薄。所以在研磨时，要注意切勿研磨过度以免抛漏底漆。因此在接触棱角、棱线时，力道要适当、勿过于用力。

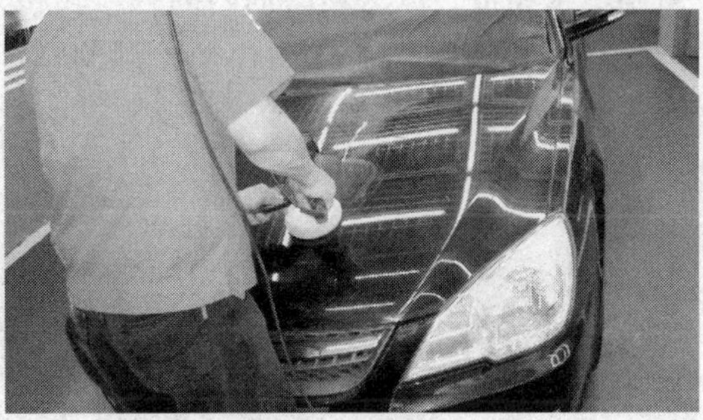

图 3-40 直线研磨

在漆面上进行直线研磨，可利用双脚及身体的动作，使推出的力道加重，收回的力道放轻，在漆面上均匀的重叠研磨。注意控制均匀度和观察海绵清洁度，若蜡剂过于干硬，可以喷洒清水起软化的作用。

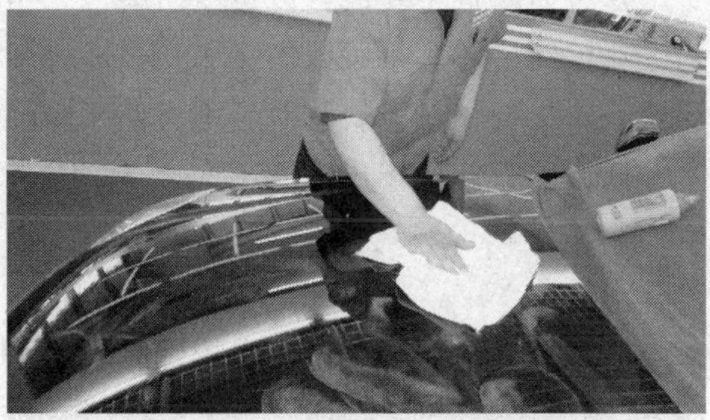

图 3-41 蜡粉擦拭

用干净柔软的擦拭布，由上而下，由左至右地擦拭，注意清洁布上的清洁度。以轻微力道沿直线在同一个方向擦拭，切勿沿直线来回擦拭（避免蜡粉颗粒刮伤漆面）。若蜡面过于干燥，切勿用手指头去抠或用蜡布用力擦拭，可用半湿布在干燥蜡面上先软化，残蜡就容易去除。

图 3-42　上中度研磨蜡

上中度研磨蜡的顺序与重度研磨的步骤一致，选择硬质海绵，以获得切削力。

图 3-43　注意事项

进行研磨时，必须背起研磨机的电线，以避免电线在漆面上造成不必要的划伤。

图 3-44　清水降温

漆面上喷水有两个意义，一是因为漆面与海绵面接触时间过久，漆面就会产生一定的高温，适时利用微量清水降温，可以避免漆面温度过高而造成划痕产生。二是当蜡剂变干时，利用清水可起软化、润滑作用，避免研磨时产生划痕。

图 3-45　中度研磨后的对比

通过对比，中度研磨后可以检查漆面的平整度。倒影越清晰表示平整度越好。

注：打蜡机转速应控制在 1500～1800r/min；海绵盘应选用中硬度海绵轮盘；注意区域的清洁；注意海绵盘的清洁；注意漆面温度勿太高。

3. 抛光

研磨后，应选用抛光剂进行全车抛光，以除去漆面上更细小的划痕及研磨所遗留的研磨痕等，使漆面达到光洁如镜的程度。抛光方法与研磨大致相同。

一般抛光剂都不含研磨颗粒的成分，如果有的话也是极细的粒径，能够去除细纹（划痕），施工时须注意转速、选择较细的海绵盘，漆面温度不宜太高。施工时无需重压力。

注：施工抛光剂之前，车漆表面须清洁。

(1) 轻度研磨。

轻度研磨的步骤如图 3-46 ~ 图 3-49 所示。

图 3-46 上轻度研磨蜡

轻度研磨时，使用力道微弱，因为研磨蜡中所含的研磨颗粒较细，因此，此工序主要的任务是去除上一道研磨所遗留下的细微划痕、海绵轮痕以及油痕。

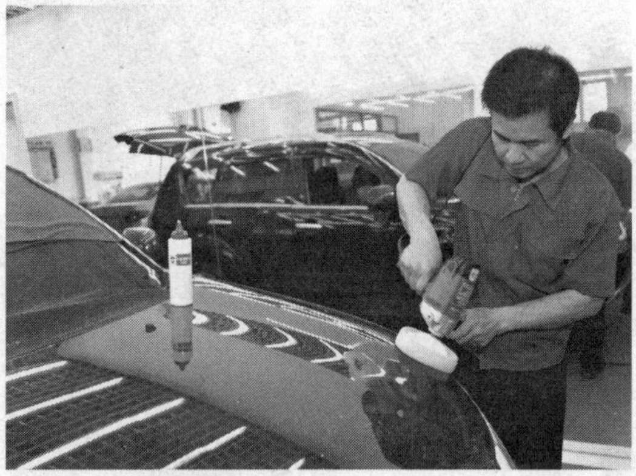

图 3-47 进行研磨

轻度研磨速度与重、中度研磨的转速不同，转速可以稍微加快，施工中应注意查看划痕的去除情况。

图 3-48 轻度研磨转速

轻度研磨速度约 2200 ~ 2800r/min。

图 3-49 擦拭

用干净柔软的擦拭布由上而下、由左至右地擦拭，注意清洁布上的清洁度。以轻微力道直线的在同一个方向擦拭，同一个方向位置切勿来回擦拭，以避免蜡粉颗粒刮伤漆面。

（2）镜面抛光。

镜面抛光的步骤如图 3-50～图 3-55 所示。

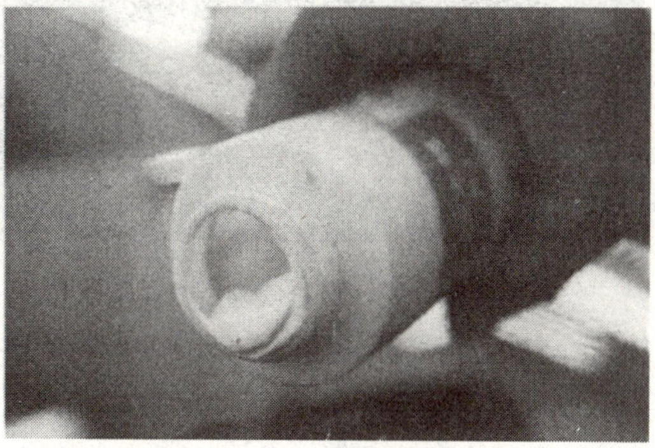

图 3-50　抛光蜡

抛光蜡主要是将更细微划痕，如发丝细纹消除或覆盖，因此抛光蜡所含的研磨颗粒几乎用手搓揉也会感觉不到。

图 3-51　局部抛光

抛光蜡搭配不同性质海绵盘可呈现不同的研磨效果。在抛光时，只需将研磨机均匀覆盖即可。

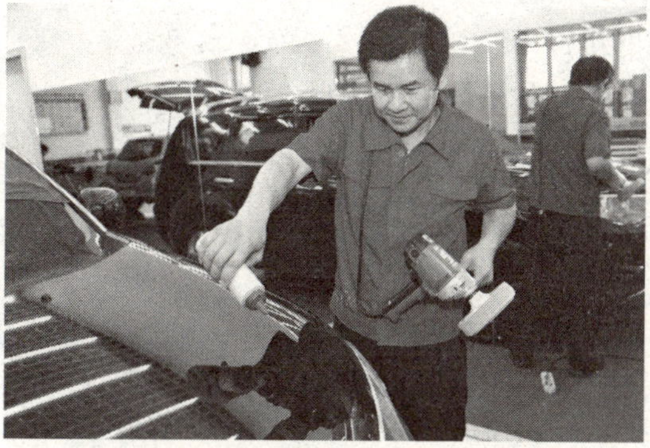

图 3-52　上蜡

上蜡范围不要过大，一般约与肩同宽（400mm × 400mm）和臂长大小区域范围内涂抹抛光蜡。

图 3-53　抛光

用抛光蜡抛光后会在漆面上形成一层保护膜。抛光时要注意研磨机转速、漆面的温度、海绵盘的清洁度，抛光时力度要轻。

图 3-54 擦拭

用干净柔软擦拭布由上而下、由左至右地擦拭，注意清洁布上的清洁度。以轻微力度直线的在同一个方向擦拭，同一个方向位置切勿来回擦拭，以避免蜡粉颗粒刮伤漆面。

图 3-55 风枪吹除蜡粉

利用清洁布和风枪（风枪喷嘴须有保护措施，避免敲到车身漆面造成损坏）吹除车身表面上蜡粉。

4. 研磨机的安全操作

（1）研磨机开机或关机时决不能接触工作表面。

（2）作业时，右手紧握直把，左手紧握横把，由左手向作业面垂直用力，转盘与作业面保持基本平行。

（3）在研磨机未完全停下之前，不要放下研磨机。

（4）不要太靠近边框、保险杠和其他可能咬住转盘外沿的部位进行作业。

（5）应时刻注意研磨机的电线，防止将电线卷入机器。

（6）抛光时，应注意不要让灰尘飞到脸上，而应使其落向地板。

九、细部处理

汽车在施工完成后，汽车在角落的部分难免会有一些小碎屑、粉尘、蜡粉、残蜡等附着在橡胶上，可以借助毛刷、毛巾、刮板等工具，将这些角落的残蜡、粉尘清除，提升汽车的整体美感。

1. 细部清洁——发动机盖残蜡清除

清除汽车发动机盖上的残蜡一般使用毛巾和刮板。具体方法是先用毛巾包住刮板，然后将附着于发动机盖边缘及缝隙里的残蜡刮除，再以毛巾擦拭。

2. 细部清洁——玻璃及油箱盖残蜡清除

（1）玻璃：先用毛巾包着刮板将附着于边缘的残蜡刮除，再用毛刷伸进缝隙里刷拭，将卡住的残蜡刷出，再以毛巾擦拭。

（2）油箱盖：先用毛巾包着刮板伸进缝隙里将残蜡刮除，再把油箱盖打开，把油箱盖里面的蜡灰清除。

3. 细部清洁——钣金缝隙残蜡清除

（1）使用毛刷伸进缝隙里刷拭，再用毛巾擦拭。

（2）注意毛刷不要刷到烤漆的部分，以免造成刮痕。

4. 细部清洁——灯壳缝隙处残蜡清除

（1）灯壳缝隙通常都有防水胶条，建议使用软性的毛刷进行刷拭。

（2）灯壳部位由于耐磨力较强，使用毛刷时较不会刷伤，但是要特别注意烤漆的部位不要刷伤。

5. 细部清洁——其他部位残蜡清除

（1）车种标志：该部位的配件常有蜡卡在字缝里面，可以直接使用软性牙刷刷拭。

（2）车牌：车牌的边缘也必须刷拭，车牌的字缝上面也常常带有残蜡卡在上面，可以使用毛刷直接在上面刷拭。

6. 玻璃清洁工具

（1）玻璃清洁工具包括玻璃擦拭专用布和玻璃清洁剂。

（2）注意事项

1）在玻璃擦拭的同时要注意玻璃表面是否有很多刮伤、异物、油膜附着，若有以上情况可以建议客户做玻璃抛光（注意前风窗玻璃，若玻璃面有小裂痕，则不宜进行抛光，因为玻璃面受热胀冷缩的原理易破裂）。

2）当擦前风窗玻璃内侧时，要特别注意后视镜的部分，这部分如果不干净会影响行车安全，所以要特别仔细的擦拭干净。

3）擦拭车门玻璃的内外侧要特别注意后照镜的清洁，这会影响行车安全。某些车辆在后照镜内部有安装电子设备，注意不要喷洒过量的玻璃清洁剂，以免造成电子设备失灵。

4）在擦拭玻璃内侧时，须注意是否有贴隔热纸，以隔热纸的样式、新旧材质作为选择玻璃清洁剂和擦拭的力度。

5）擦拭时应先擦拭玻璃边缘，再往里边大面积擦拭。

6）泼水玻璃擦拭时，力度不宜太大或使用溶剂型玻璃清洁剂来做擦拭，否则会造成皮膜的破坏（注：左右前门玻璃常为泼水玻璃，价格是一般玻璃的两倍左右）。

7）后风窗玻璃内侧擦拭时尽量以从左往右或从右往左的方式来擦拭，避免把隔热纸或除雾线的接缝擦裂。

8）擦拭前风窗玻璃外侧时先把刮水器片抬起，刮水器片的下方常会堆积许多的灰尘、污垢，这部分特别注意要擦拭干净。

7. 检核

施工过后的车辆各部位应按一定顺序逐步检查，检视的同时带着风枪及毛巾，发现有灰尘等附着在车漆上面时，可以随时进行清理。

需检核的部位主要包括：车顶缝隙、前风窗玻璃边条、刮水器下缘、散热器护罩、车门把、板件接缝处、车胎轮毂、车种标志、车牌、前保险杠进气口、晴雨窗下方、外水切、后视镜。

8. 吹蜡粉检视

确认漆面状况，检视是否有细刮伤、油影、细刮痕等问题。

要诀：蹲下身体，换个角度来确认车漆上的油影、细刮痕、细刮伤是否已完全去除。

9. 总结

(1) 汽车美容主要的目的是在车辆的漆面重新做一番整平，重新建制一张皮膜，让这张皮膜可以在车漆的表面建立长期性的美化和保护效果。

(2) 车辆完成汽车美容的施工步骤后，比较不容易造成漆面刮损。还可以告知客户关于一些漆面护理保养的须知，如洗车的动作、力度、汽车美容的时间性，这样漆面的使用寿命会延长。

(3) 经过汽车美容的施工之后，再洗车时尽量不要使用自动洗车机去刷洗，因为洗车机硬绒毛或硬塑胶片容易造成漆面的刮伤。

(4) 虽然车漆已经有一层皮膜的保护，但是其泼水性会因为紫外线、风沙、雨水、酸、碱等因素渐渐衰退，因此，当洗车完毕，适当在漆面补充保护蜡，或视车漆状况做一些小修整，可以让车漆保持如新。

十、漆面失光的处理

自然氧化严重或划痕导致的失光，漆面无明显划痕，并没有伤及底漆，通常采用研磨抛光的方法进行处理。处理工序及其作用如下。

1. 汽车美容的工艺流程

(1) 洗车（依照精致洗车流程），注意重点部位：轮弧的凹陷处、轮弧内沿、挡泥板、底盘、裙摆、后视镜内侧，特别是车顶彻底清洁。

(2) 擦干车（依照精致洗车流程），注意重点部位：轮弧的凹陷处、后视镜内侧、标志、前后保险杠、车牌的擦拭。

(3) 吹干（利用风枪，出风口必须保护，避免划伤车漆），注意重点部位：容易含水的配件，如车顶压条、门外水切、后视镜、门饰条、门的夹缝、门外把手、前后保险杠、标志。

(4) 环车检查划痕的多寡及深浅。

(5) 检查漆面有无氧化层、铁屑的污染物等，可利用黏土和铁粉去除剂清除，若白色车使用美容漂白剂。

2. 新车处理——疏水镀膜

一般汽车出厂一年之内都可称为新车。这种车车漆亮丽，划痕较少，可以直接利用抛光蜡做漆面整平，达到镜面效果。

(1) 上保护蜡，更换黑色海绵上一层或两层保护蜡，选用细蜡布下蜡。

(2) 使用气动打磨机上釉蜡，选用细海绵均匀涂抹漆面，注意力度均匀。

(3) 上纳米疏水膜，做法是使用喷枪把疏水膜溶剂均匀喷洒漆面上。

(4) 静待 20～30min 等待漆面出现白色绒毛状结晶体，使用半干细蜡布擦拭漆面。

注：纳米疏水膜可以跟其他保护蜡结合使用，具有疏水的作用，且硬度可达2H，不易划伤。

新车处理的流程如图3-56～图3-61所示。

图3-56　手工打蜡（沾蜡）

用干净的海绵沾上蜡。

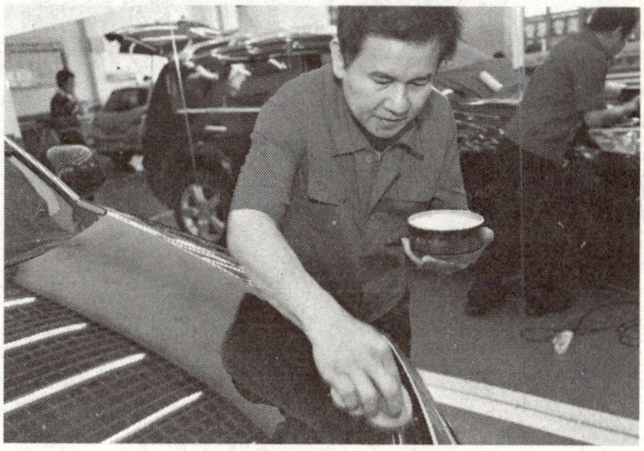

图3-57　上蜡

先由上往下直线施工，以画圆方式进行，再由下往上直线进行。注：要以顺时针画圆方式在漆面上上蜡，避免手肘韧带受伤。

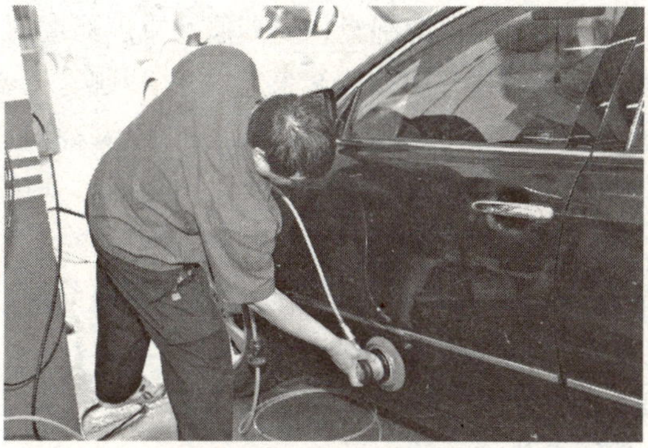

图3-58　车门气动打蜡

施工中必须注意风枪不可以摩擦或污染到漆面，以免漆面二次损伤（左手握风管，右手握气动打蜡机）。注：进行车门施工中，海绵盘不要在缝与缝之间覆盖，避免蜡残留在门缝之中。车缝与护条（素色护条或有气孔）不要上蜡。

图3-59　发动机盖气动打蜡

发动机盖上蜡须注意风枪不可以碰触到车身。也可以先将内框完成，再施打大面积漆面，每次范围不要过大，以手容易施工的区域为主。注：喷水头的出水孔，在施工中不要被蜡堵塞，以免无法喷水。

图 3-60 擦除蜡粉（一）

利用干净细海绵擦除蜡粉，注意勿造成漆面因擦拭而刮伤。若漆面上的蜡过于干燥，可利用半湿蜡布先行擦拭，再用干布擦干。

图 3-61 擦除蜡粉（二）

擦拭后能够看清楚漆面研磨后的效果，查看后再决定是否继续研磨处理。

3. 半新车

一般汽车出厂一年至五年可称为半新车。半新车的处理流程如下。

（1）观察漆面并清除划痕，如果漆面氧化层过于粗糙，可使用铁粉去除剂清除漆面氧化痕。

（2）可利用黏土配合水磨的方式进行漆面清洁。

（3）使用重度研磨剂，选用研磨打蜡机，转速调在 1500r/min，装上黄色海绵盘，用较大的切削力使漆面上的划痕、凸起物平整。

（4）中度研磨。研磨打蜡机转速调在 1800r/min，装上绿色海绵盘，使划痕及重度研磨时产生的太阳痕被切割成细纹，达到研磨整平的程度。这个时候，漆面摸起来感觉光滑顺畅。

（5）抛光作业。选用细致抛光蜡，电动研磨机转速 2200r/min，装上细致白色海绵盘，注意温度以及漆面的清洁，力度轻盈，涂料不要过量，一次范围与肩同宽，以小区域方式施工，均匀抛光整个漆面为主。一般这时漆面已达到镜面效果，超出原厂出厂的亮度要求。

（6）上两道釉蜡，可选择巴西棕榈蜡，机器转速调在 2500r/min，选用黑色细海绵盘，力度轻盈，做均匀涂抹。

（7）利用喷枪，把钻石疏水膜均匀喷于车漆表面，静待 20～30min，观察钻石疏水膜与漆面进行化学反应后的结晶体产生，漆面出现白色绒毛状结晶体表示已完成。

（8）利用半湿细致蜡布做擦拭工作。这时候漆面已经有 2H 的硬度，并具有疏水的功能，在下雨的时候，雨水在漆面上形成水珠，当车辆行驶时，水珠能自动滚落脱离把漆面灰尘带走，达到自我清洁的功能。

4. 旧车

车龄超过五年的车辆称为旧车。旧车的处理流程如下。

（1）注意深浅划痕的处理，必要时漆面要以黏土或铁粉做漆面氧化层的前处理。

（2）若白色车可以使用美容漂白剂做漆面漂白处理。重度研磨，选用电动研磨-抛光机，转速定在 1500r/min，选用黄色海绵获取最大切削力，以小区域范围进行漆面研磨，注意海绵不能太干，以免造成二度划痕。同时也应注意海绵湿度，便于施工。

（3）中度研磨。机器转速定在2000r/min，选用中硬度绿色海绵盘，注意漆面的清洁，以小区域施工方式为主。注意上蜡切勿过多，以免飞溅污染造成材料浪费。中度研磨以去除轻划痕为主，让漆面达到整平滑顺。

（4）细致抛光。选用白色细致海绵盘，机器转速定在2500～3000r/min，小区域均匀涂抹漆面，注意海绵盘的清洁，选用细致蜡布下蜡，用力要轻，以免划伤漆面。完成这一步漆面便可达到镜面效果。

（5）上一道至二道巴西棕榈蜡，达到泼水效果。选用气动研磨机，粘上黑色海绵盘做均匀涂抹的动作施工，下蜡时以细致蜡布小心擦拭。

（6）上一道水莲水珠蜡以达到疏水的效果。

（7）利用喷枪把纳米疏水膜均匀喷洒于车漆表面，静待20～30min观察车漆表面是否有白色绒毛状结晶体出现。白色绒毛状结晶体出现表示水膜与车漆发生化学相键反应，更能渗入车漆内并且在车漆表面形成一层有2H硬度的保护膜，而且具有自我清洁的功能，水珠能自动滚落脱离把漆面灰尘带走。

5. 补修漆车

该类车刚从车厂烤漆出来，因此，漆面状况比较特殊，桔皮、垂流的现象经常可见。

（1）选用2000号水砂纸作局部研磨（研磨时以水作为润滑剂，借以去除桔皮、垂流及去除烤漆时产生的1500号砂纸痕）。

（2）利用重度研磨剂做第一次研磨整平漆面，使用研磨打蜡机，转速定于1500～1800r/min，选用硬度较高的黄色海绵，以便获取最大的切削力，达到事半功倍的效果。其目的是消除水砂纸产生的磨痕，整平漆面凸起物，处理桔皮、垂流之类的漆面。

（3）中度研磨的目的最主要是消除前一道研磨剂所留下的打磨痕及切削后的轻划痕，以达到整平漆面的效果。

（4）抛光选用电动研磨打蜡机，转速定于2200r/min，选用细致白色海绵，力度宜轻，海绵为半湿状，施打时以小区域施工方式均匀抛光，注意漆面的清洁，勿产生二次划痕。这时候检查漆面，应该达到如镜面般明亮的效果，人站在旁边如倒影清晰，则表示漆面有深层的明亮度。

（5）上一道至二道棕榈蜡或水莲水珠蜡以达到疏水的效果。形成蜡的保护膜能有效地隔离紫外线的照射，防止漆面的老化，酸雨的侵蚀以及污染物附着。

（6）利用喷枪，把钻石疏水膜均匀喷于车漆表面，静待20～30min，观察钻石疏水膜与漆面做化学反应的结晶体产生，漆面出现白色绒毛状结晶体表示已完成。

6. 注意事项

（1）以上这些工作的施工人员的身体健康应重视，所以在施工中须戴口罩，一般打蜡以活性炭口罩为主，施工纳米钻石疏水膜须戴N95口罩。

（2）目前，纳米科技应用在镀膜方面是一个趋势，是一个热门话题。纳米钻石疏水膜是目前在国内美容业界推展的一个重要项目。

（3）每种镀膜都会随着洗车，受大自然污染源、酸雨、紫外线等的影响慢慢退化，不过纳米钻石镀膜比一般的镀膜保持的时间久，在保护膜的硬度方面也具有2H硬度。

（4）建议镀膜后，一周内勿沾水洗车。

（5）建议每洗两次车或每一个月或两个月必须施打一次巴西棕榈蜡以保持纳米钻石疏水膜的寿命，确保车辆的漆面保持如新，这样可以延长纳米钻石镀膜使用寿命。

十一、保护剂处理实操步骤

1. 保护剂处理注意事项

保护剂处理包括上蜡和下蜡。

（1）保护剂上蜡注意事项

1）由于此阶段车漆表面已经变成一个镜面的状态，如果海绵盘上没有含蜡的润滑，在施打的一刹那就容易刮伤车漆。

2）在施打之前先把保护剂均匀地涂在海绵上，让海绵能先吸收一部分的蜡在表面上，这样海绵就有一定的湿度，施打时漆面比较不容易产生刮伤。

（2）保护剂下蜡注意事项

1）若使用油性保护剂，应以电动研磨机的方式下蜡。

2）刚开始下蜡时，由于海绵是干的，直接施打漆面容易造成刮伤，所以可以先用水浸湿海绵，让海绵表面软化，再将海绵打干一些，然后再做下蜡的动作，如此漆面不易造成刮伤。

（3）刚开始施打时，下压的力度可以大一些，这样能够将漆面的平整度带出来。

（4）保护剂施打的要求与研磨、抛光不同，保护剂要求的是蜡的均匀平整度和表面光泽度的展现。

（5）让海绵表面充满均匀的蜡，再以力度较小轻抛的方式，让蜡附着于车漆上，如此蜡膜的完整性及表面光泽度非常好。另一方面让海绵保持一定的干湿度状态，施打后在漆面上所呈现的蜡膜也会比较厚。

2. 封釉、镀膜的实操步骤

（1）封釉的步骤如图3-62～图3-65所示。

图3-62 封釉

封釉前必须确认漆面摸起来是凉的。

图3-63 研磨

封釉适用于高低速研磨机、轨道式震动盘、气动上蜡机或者手工上膜法。通过震动以及高温，让釉与车漆产生化学变化，结成牢固的相键，或利用烤灯产生高温让釉与漆面结合。

图 3-64 均匀涂抹

封釉形成保护膜大约需要 30min，可以利用高温节省形成保护膜的时间。

图 3-65 擦拭清洁

可以在震动盘套上清洁毛巾或直接使用清洁毛巾将多余的保护膜擦拭干净。

（2）镀膜的步骤如图 3-66 ~ 图 3-69 所示。

图 3-66 镀膜

镀膜后漆膜不易粘着污垢，能长效保护漆面，并使漆膜的硬度大幅提升。

图 3-67 轨道式振动盘（一）

使用轨道式振动盘建议用高温，这样能使镀膜用剂和漆面的结合更牢固。

图 3-68 轨道式振动盘（二）

使用轨道式振动盘必须防止气管与漆面碰触。

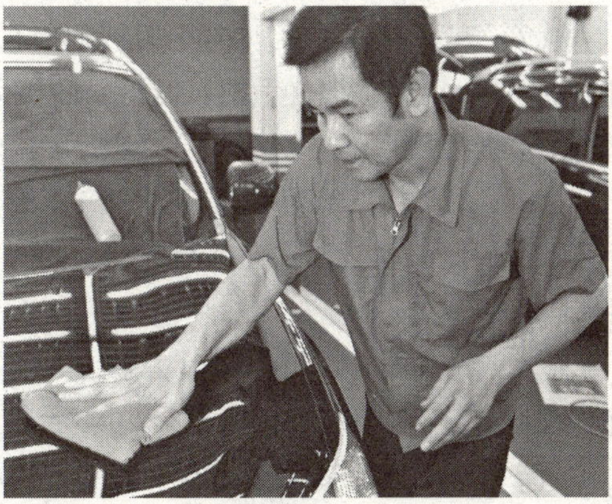

图 3-69 擦拭

用清洁毛巾以画圆方式擦拭多余的保护膜。

十二、汽车各部位漆面研磨抛光技巧与要领

对于材质不同的车身，喷漆的处理是不同的，如在棱角、棱线、边缘、夹缝等处的漆层较薄。因此，在研磨时要注意力度，避免过度研磨而抛漏底漆。本部分重点介绍汽车各部位研磨、抛光的技巧与要领。

1. 发动机盖

（1）研磨机的硬塑胶转盘尽量不要超过车身边缘的角度，以免在施工时过度研磨，造成车身烤漆的损坏。

（2）在研磨材料涂抹上去之后，先研磨大面积的部分，再修饰边缘的部分；或先修饰边缘再回来研磨大面积的部分。

（3）车身边缘或夹缝，力度可以减轻，甚至让研磨机靠自身的重量带过即可。

（4）可分区域操作，视当时的气候、温度或漆面状况调整打磨的范围，以配合蜡的干湿情形。

（5）研磨的过程中，如果蜡带出线痕，表示车漆表面带有尘粒，可以施以较大的力量或调整蜡的湿度。如此就能将线痕去掉，否则在接下去的抛光的过程中就难以去除。

（6）研磨的时候要注意汽车的棱角，不能以海绵盖过棱角做研磨，因为棱角部分的烤漆较薄，在施力不平均的情况下，容易将漆面打穿。

2. 前叶子板

（1）研磨的过程中，要注意叶子板边缝、边角的部分。发动机盖与叶子板的接缝处，还有棱角的部分不要过度研磨。

（2）轮弧下缘可能还有泥沙尘土的存在，研磨时沿轮弧边缘并要注意角度，不要将泥沙带上来，而造成研磨的漆面二度划伤。

（3）接缝部分容易过度研磨、堆积残蜡，施打时要特别注意。

3. 前门

（1）后视镜烤漆跟车身钢板上的烤漆，其硬度与附着度是不同的，研磨时不要太用力。

（2）有塑胶边缘的地方防护必须做好，否则在研磨时容易伤到塑胶的边缘，使其泛白。例如，外水切和手把。手把、凹槽研磨机无法研磨，因此可以事后再施以手工推蜡，以提高整辆车的细腻度。

（3）在车门下缘塑胶的部分注意不要上蜡，以免造成泛白的现象（因为该类零件有细微的毛细孔，在打蜡时蜡容易塞入毛细孔中，蜡卡在上面会造成泛白），在清洗上有所困难。

（4）检查的时候可以用手去触摸，看是否还有细微颗粒的感觉，同时也注意另一边漆面上的细痕、尘粒、氧化物是否去除掉。

（5）施工后如感觉漆面有不够平整的部位，则可以再做研磨的补强，直到平整为止。

4. 车窗上缘及上水切

（1）这两部分都有缝隙，尤其上水切的胶条部分，注意在研磨的时候，不要把它磨伤，必要时胶条的部分可以做防护。

（2）由于这部分的面积较小，所以注意不要让蜡卡在边缝里，或者可以将蜡涂在海绵上再用手打方式操作。

5. 后门

（1）后门部分的操作要领及技巧同前门。

（2）由于角度的关系，有些地方的轮痕不一定看得清楚，所以施工完成后可以将身体蹲低来检视。

6. 后叶子板

（1）后叶子板部位操作要领及技巧同前叶子板。

（2）特别要注意是油箱盖边缝的部分，施工的时候要特别小心，研磨时不要打到漏底漆。该部分虽然属于烤漆，但材质不一定是金属素材，有时候厂家会使用FRP材质，所以在研磨时要特别小心。

（3）当施工到油箱盖下凹线条部位时要特别留意，应用海绵盘的边缘施工，切勿将海绵盘整个覆盖上去，以免造成缝隙部位上蜡不均的现象。

7. 行李箱盖

（1）行李箱盖部位的材质有钢板、FRP、塑钢三种不同材质，这三种表面烤漆颜色大致上是相同，但因材质不同所以耐温程度不同。所以在研磨时要特别注意力度的轻重与机器的角度。

（2）海绵盘使用一段时间之后，会有蜡残留在上面，当太多残蜡卡在上面时，会影响研磨的切削力，或者因为脏东西卡在上面而影响打磨施工的效果。此时应将海绵拿去清洗或使用刮板将海绵盘上面的残蜡刮除。

（3）行李箱盖正面部位面积较小、棱角和棱线多，研磨时要注意钣件的部分，不要将钣件打断或打掉了。

（4）由于该部位的面积较小，施工时可选择在大面积的部位先行研磨，剩余面积小的部位再以手工打蜡完成。

（5）后保险杠部位在施工研磨时要特别注意。由于这部位是塑胶类的材质，烤漆不耐温、不耐磨，因此在施工时尽量让海绵平贴于烤漆上。注意不要研磨过度而造成烧焦或掉漆。

8. 车顶

（1）车顶部位需注意上水切、玻璃边缘的胶条，在研磨时不要造成伤害。

（2）在研磨漆面时要超过顶盖的一半，避免施工后有遗漏的部分。

（3）由于车顶处于比较高的位置，为了施力方便，可以用高低椅调整施工角度。

9. 吹蜡粉（清除残蜡、粉尘）

经过研磨之后，常会有残蜡、粉尘附着在缝隙、玻璃及烤漆表面上，所以这时要使用风枪清除这些残蜡、粉尘，之后再进行下一个步骤。

十三、抛光镜面实务技巧

抛光镜面处理

（1）主要目的。抛光镜面处理的主要目的是将之前粒子研磨所造成的雾状轮痕完全去除，让漆面更平整光滑，把漆面处理到最完美的状态，这样才能继续下一个保护措施。

抛光镜面处理的工具包括：

1）研磨机，其转速约在2000～4000r/min。

2）海绵，选择较柔软的绿海绵。

3）抛光剂，选择不具艳光性质的抛光材料。

（2）如何检视。通过泡沫剂、清洁剂以及清洗车身来检查漆面的划痕是否去除。

（3）研磨机基本动作。使用研磨机接触有蜡的漆面的时候，经常会产生的现象就是研磨机海绵盘接触漆面的一刹那，由于转速及离心力的关系，使蜡飞溅到其他地方。如污染到旁边的玻璃、刮水器盖板甚至工作人员的身体及衣物上，造成施工后清洁工作项目的增加。

因此，在使用研磨机时，先让研磨机慢速旋转，将蜡收到海绵盘中间，让蜡先附着于海绵盘中间，如此蜡就不会飞溅到其他地方。

（4）一般汽车美容施工的流程如图3-70所示。

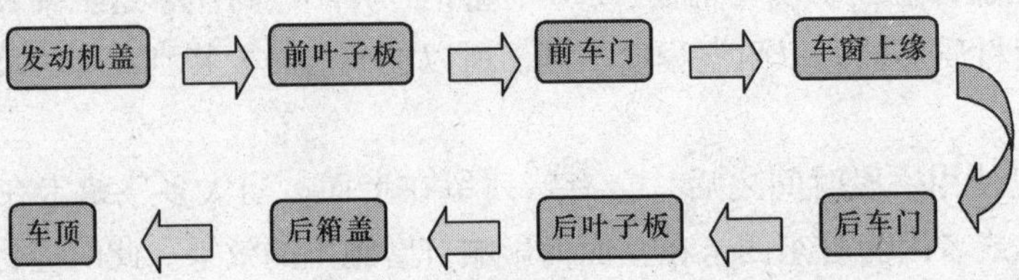

图3-70 一般汽车美容施工流程

（5）洗车、擦拭、吹干、检查

1）抛光程序完成之后，也许会有许多粉尘堆积在车漆的表面上，若仅用风枪并不能完全将这些粉尘清除干净，必须利用清水（不要用任何清洁剂）将这些粉尘清洗干净。在清洗之前务必先检视一下雾状轮痕是否完全去除。

2）冲水时尽量将边缝里的粉尘、残蜡冲出来。如果发现粉尘卡得很紧，可以用海绵轻轻刷洗，漆面已经非常细致，刷洗时注意不要再制造二次刮痕。

3）如果要检查抛光是否全部完成，可以加点泡沫剂做清洗，但不可使用内装清洁剂或碱性清洁剂，以免破坏车漆。

4）洗车、擦拭并吹干。

十四、汽车美容可处理的瑕疵

汽车美容可处理的瑕疵大致上可分为三大类：涂层表面瑕疵、汽车零件表面瑕疵、汽车内饰可处理瑕疵。

1. 涂层表面瑕疵

（1）小刮痕：涂层表面伤及清漆层，但未伤及色漆的刮痕。原因及处理步骤见表3-1。

表 3-1 小刮痕

原　　因	处 理 步 骤
重物放在平面漆上，拉动时留下的痕迹	① 使用 1500 号水砂纸分次研磨去除刮痕痕迹 ② 使用 2000 号水砂纸用手修饰 ③ 使用棉纸布和粗蜡用手推打蜡至 80% 砂纸痕不见 ④ 使用 1800 ~ 2200r/min 抛光机配合粗蜡海绵、粗蜡抛光至砂纸痕不见 ⑤ 使用 1800 ~ 2200r/min 抛光机配合中蜡海绵、粗蜡抛光至粗蜡痕不见 ⑥ 用棉纸布均匀为抛光区域涂抹细蜡 ⑦ 用棉纸布擦除细蜡，擦亮抛光区域
行驶时和树枝接触留下的痕迹	
停车时被不明物体刮伤	
轻微擦撞所留下的痕迹	
洗车未先冲水，较大沙粒所留下的痕迹	
人为破坏	

（2）垂流。

垂流产生的原因及处理步骤见表 3-2。

表 3-2 垂流

原　　因	处 理 步 骤
喷涂时未能彻底清洁，使得附着力降低	① 使用 1500 号水砂纸研磨垂流区域 ② 使用 2000 号水砂纸用手修饰 ③ 使用棉纸布和粗蜡用手推打蜡至 80% 砂纸痕不见 ④ 用 1800 ~ 2200r/min 抛光机配合粗蜡海绵、细蜡海绵抛光至砂纸痕不见 ⑤ 用 1800 ~ 2200r/min 抛光机配合中蜡海绵、细蜡海绵抛光至砂纸痕不见 ⑥ 用棉布纸均匀地为抛光区域涂抹细蜡 ⑦ 用棉布纸擦除细蜡，擦亮抛光区域
喷涂时选用比预期慢干的稀释剂	
喷涂时加入过多稀释剂	
喷涂时距离过近或喷涂不均匀	
喷涂过厚，静置时间不足	
使用过大口径喷枪	
喷涂时，温度过低或车体温度过低	

（3）柏油污染：在车身两侧漆面表面的下半部出现柏油的小黑点。柏油污染产生的原因及处理步骤见表 3-3。

表 3-3 柏油污染

原　　因	处 理 步 骤
行驶过新铺的柏油路上	① 使用柏油清洗剂先对受污染区域作润湿 ② 给予 5 ~ 10min 软化柏油的时间 ③ 使用棉纸布擦拭清洁 ④ 用棉纸布均匀为清洁区域涂抹细蜡 ⑤ 用棉纸布擦除细蜡，擦亮漆面
下雨天行驶于柏油路上	
行驶于路面不平的柏油路面	
行驶于有积水、水坑的柏油路	

（4）鸟粪痕：鸟粪在漆面停留过长时间后，受到鸟粪中的盐分侵蚀所留下的痕迹。鸟粪落在漆面约 2～3 天后，鸟粪本身的酸性和盐分对漆面会造成侵蚀，使漆面形成鸟粪大小的痕迹。

处理步骤：

1）使用 2000 号水砂纸对鸟粪痕迹整平和修饰。

2）使用棉纸布沾粗蜡，用手推打蜡至 80% 砂纸痕迹不见。

3）用 1800～2000r/min 抛光机配合粗蜡海绵、粗蜡抛光至砂纸痕迹不见。

4）用 1800～2000r/min 抛光机配合中蜡海绵、中蜡抛光至砂纸痕迹不见。

5）用棉纸布均匀为抛光区域涂抹细蜡。

6）用棉纸布擦除细蜡，擦亮抛光区域。

注：严重时需要新喷涂。

（5）鱼眼：在未干的涂膜表面布满许多小细孔，这些小细孔有时可以看到底材。鱼眼产生的原因及处理步骤见表 3-4。

表 3-4　鱼眼

<table>
<tr><th>原　因</th><th>处 理 步 骤</th></tr>
<tr><td>被涂物表面清洁不完全</td><td rowspan="4">① 依比例调和清漆和硬化剂，利用清漆将鱼眼孔填满
② 等清漆完全干燥用 1500～2000 号水砂纸研磨平整清漆
③ 使用 2000 号水砂纸用手修饰
④ 使用棉纸布沾上粗蜡，用手推打蜡至 80% 砂纸痕不见
⑤ 用 1800～2200r/min 抛光机配合粗蜡海绵、粗蜡抛光至砂纸痕不见
⑥ 用 1800～2200r/min 抛光机配合中蜡海绵、中蜡抛光至粗蜡痕不见
⑦ 用棉纸布均匀为抛光区域涂抹细蜡
⑧ 用棉纸布擦除细蜡，擦亮抛光区域</td></tr>
<tr><td>清洁时使用脏布清洁表面导致了二次污损</td></tr>
<tr><td>喷涂时压缩空气中含有水分和油</td></tr>
<tr><td>烤漆房内吸入空气中含有硅分子</td></tr>
</table>

注：严重时需要重新喷涂。

（6）掉漆：漆层受到外力撞击后，形成见到底漆层的小洞。掉漆产生的原因及处理步骤见表 3-5。

表 3-5　掉漆

<table>
<tr><th>原　因</th><th>处 理 步 骤</th></tr>
<tr><td>停车时前、后保险杠碰撞</td><td rowspan="4">① 检视漆膜受损情形，如有生锈时，可用生锈的方法处理
② 查看车身漆膜的色漆号码
③ 依色漆号码找出相同颜色的色漆
④ 用水彩笔将色漆填补于受损的漆面，再回厂修复</td></tr>
<tr><td>开车门时不小心碰撞</td></tr>
<tr><td>开车时被弹起的小石子打到漆面</td></tr>
<tr><td>人为破坏</td></tr>
</table>

注：同色色漆，可回原厂取得。

（7）漆层污染：漆层表面附着许多细小颗粒。漆层污染产生的原因及处理步骤见表3-6。

表3-6 漆层污染

原　　因	处 理 步 骤
汽车制动所产出的铁粉	① 先用清水对漆层表面冲洗清洗 ② 使用黏土配合水管和喷雾器，一边洒水一边使用黏土轻轻擦拭 ③ 用吸水布擦拭清洁漆面 ④ 用棉纸布均匀为清洁区域涂抹细蜡 ⑤ 用棉纸布擦除细蜡，擦亮清洁区域
排放废气中的氧化物	
空气中的喷漆漆粉	
来自鸟粪、柏油、树脂等污染	

（8）漆膜老旧：漆面表层所留下的岁月痕迹，如氧化、细微刮伤、光亮丧失、表面脏污等。漆膜老旧产生的原因及处理步骤见表3-7。

表3-7 漆膜老旧

原　　因	处 理 步 骤
电动洗车痕迹	① 使用1800～2200r/min抛光机配合羊毛轮、粗蜡抛光至瑕疵不见 ② 使用1800～2200r/min抛光机配合中蜡海绵、粗蜡抛光至粗蜡痕不见 ③ 使用1800～2200r/min抛光机配合细蜡海绵、细蜡抛光至漆面光亮为止 ④ 用棉纸布均匀为抛光区域涂抹细蜡 ⑤ 用棉纸布擦除细蜡，擦亮抛光区域
长期的日晒雨淋，大自然留下的痕迹	
不正确手工洗车留下的痕迹	
不正确上蜡留下的痕迹	
长期对漆面清洁、保养留下的污垢	
受到化学或来自路面的污染	

（9）酸雨痕：一般约为直径5mm，呈现不规则近似圆形的水渍痕迹，而且均匀密布于平面漆面。其产生原因是汽车长期停放于室外，雨水形成水滴附着于平面漆面上，雨水本身的酸性和车身外表的污染物经过太阳加温，会对漆面造成伤害，留下的水渍痕迹。

处理步骤：

1）使用1800～2200r/min抛光机配合羊毛轮、粗蜡抛光至瑕疵不见。

2）使用1800～2200r/min抛光机配合中蜡海绵、中蜡抛光至粗蜡痕不见。

3）使用1800～2200r/min抛光机配合细蜡海绵、细蜡抛光至漆面光亮为止。

4）用棉纸布均匀为抛光区域涂抹细蜡。

5）用棉纸布擦除细蜡、擦亮抛光区域

注：酸雨痕迹太深时，需要重新喷涂。

（10）桔皮：清漆层喷涂时流展性不佳，出现桔皮现象。桔皮产生的原因及处理步骤见表3-8。

表 3-8　桔皮

原　　因	处 理 步 骤
喷涂时压力过大或过小	① 使用6寸（约0.2m）偏心轴3mm研磨机，配合1000号干研磨砂纸，研磨漆面去除桔皮 ② 使用1800～2200r/min抛光机配合羊毛轮、粗蜡抛光至瑕疵不见 ③ 使用1800～2200r/min抛光机配合中蜡海绵、中蜡抛光至粗蜡痕不见 ④ 使用1800～2200r/min抛光机配合细蜡海绵、细蜡抛光至漆面光亮为止 ⑤ 用棉纸布擦除细蜡，擦亮抛光区域
选用比预期快干的稀释剂	
使用的喷枪喷嘴过大	
加入过多催化剂	
加入过多鱼眼剂	
未依正确比例调和稀料，使得粘度过高	
喷涂时周围温度不当	

2. 汽车零件表面瑕疵

（1）轮胎污染：轮胎表面失去光泽，有一层灰色的污垢。轮胎污染产生的原因及处理步骤见表3-9。

表 3-9　轮胎污染

原　　因	处 理 步 骤
来自制动片的半金属粉尘污染	① 用清水将污垢润湿 ② 将万能清洁剂均匀喷于轮胎上 ③ 给予2～3min污垢软化的时间 ④ 使用长毛刷为轮胎清洁 ⑤ 用高压清洗机为轮胎冲水清洁 ⑥ 清洁后用轮胎刷为轮胎涂抹轮胎保护剂
来自路面上的泥沙、柏油、油污、水泥、油漆、金属粉尘、化学物等的污染	

（2）轮毂污染：轮毂表面附着黑色粉末、柏油。轮毂污染产生的原因及处理步骤见表3-10。

表 3-10　轮毂污染

原　　因	处 理 步 骤
来自制动片的半金属粉尘污染	① 用清水将污垢润湿 ② 将轮毂清洗剂均匀喷于轮毂上 ③ 给予2～3min污垢软化的时间 ④ 使用轮毂小毛刷为轮毂清洁污垢 ⑤ 用高压清洗机为轮毂清洁污垢
来自路面上的泥沙、柏油、油污、水泥、油漆、金属粉尘、化学物等的污染	

3. 汽车内饰可处理瑕疵

（1）皮椅污染：皮椅有一层黑色污垢。皮椅污染产生的原因及处理步骤见表3-11。

表 3-11　皮椅污染

原　因	处理步骤
来自手汗的污染	① 将内饰清洗剂均匀喷洒于皮椅上 ② 给予 2～3min 污垢软化时间 ③ 用双面海绵轻刷皮椅受污处 ④ 使用吸水布擦拭清洁 ⑤ 用皮革油对棉纸布做湿润，然后均匀擦拭皮椅
来自衣服上的污垢	
在车上饮食留下的痕迹	
汽车保养时不小心留下的污染	
其他物品在皮椅上留下的污垢	

注：清洁后未擦皮革油，皮椅易龟裂。

（2）顶棚受污：顶棚有明显污渍。顶棚受污产生的原因及处理步骤见表 3-12。

表 3-12　顶棚受污

原　因	处理步骤
双手的污染	① 将内饰清洗剂均匀喷洒于受污染处 ② 给予 2～3min 的污垢软化时间 ③ 用双面海绵轻刷顶棚受污处 ④ 使用吸水布擦拭清洁
头发上的发胶	
修车时不小心留下的污染	
在车内吸烟留下的污染	
来自空气灰尘的污染	

（3）地毯受污：地毯有深色水渍的痕迹，有一层黑色污垢。地毯受污产生的原因及处理步骤见表 3-13。

表 3-13　地毯受污

原　因	处理步骤
来自鞋底的污染	① 将除胶除漆剂均匀喷洒于地毯上 ② 给予 2～3min 污垢软化的时间 ③ 用长毛刷刷洗受污处 ④ 使用吸水布擦拭清洁
来自衣服上的污垢	
在车上饮食留下的痕迹	
汽车保养时不小心留下的污染	
其他物品在地毯上留下的污垢	

（4）车门板受污：车门板有一层黑色污垢和上下车留下的刮痕。车门板受污产生的原因及处理步骤见表 3-14。

表 3-14　车门板受污

原　因	处理步骤
来自手汗的污染	① 将内装万能清洁剂均匀喷洒于车门板受污处 ② 给予 2～3min 污垢软化时间 ③ 使用双面海绵轻刷车门受污处
来自双手接触的污染	
上下车时鞋子碰撞留下的痕迹	

（续）

<table>
<tr><th>原　　因</th><th>处 理 步 骤</th></tr>
<tr><td>车上饮食留下的痕迹</td><td rowspan="3">④ 使用吸水布擦拭清洁
⑤ 用真皮保护乳液对棉纸布进行湿润
⑥ 使用棉纸布均匀为塑料件、合成皮上擦拭保养剂</td></tr>
<tr><td>汽车保养时不小心留下的污垢</td></tr>
<tr><td>其他物品接触留下的污染</td></tr>
</table>

（5）绒布椅受污：绒布椅有深色水渍的痕迹，有一层黑色污垢。绒布椅受污产生的原因及处理步骤见表3-15。

表3-15　绒布椅受污

<table>
<tr><th>原　　因</th><th>处 理 步 骤</th></tr>
<tr><td>来自手汗的污染</td><td rowspan="5">① 将内装万能清洁剂均匀喷洒于绒布座椅上
② 给予2～3min污垢软化的时间
③ 用长毛刷刷洗受污处
④ 使用吸水布擦拭清洁
⑤ 使用电动吹风扇吹风，对绒布座椅进行干燥处理</td></tr>
<tr><td>来自衣服上的污垢</td></tr>
<tr><td>在车上饮食留下的痕迹</td></tr>
<tr><td>汽车保养时不小心留下的痕迹</td></tr>
<tr><td>其他物品在座椅上留下的污垢</td></tr>
</table>

（6）仪表板受污：仪表板的各式按钮上有明显污垢，仪表板上有大量灰尘。仪表板受污产生的原因及处理步骤见表3-16。

表3-16　仪表板受污

<table>
<tr><th>原　　因</th><th>处 理 步 骤</th></tr>
<tr><td>来自空气中的灰尘污染</td><td rowspan="5">① 取出烟灰缸用清水清洗
② 使用高压风枪对仪表板吹风清洁灰尘
③ 用细毛巾沾少许内装万能清洁剂，为受污染处擦拭去污
④ 用吸水布为受污染处擦拭清洁，去除清洁剂
⑤ 使用棉纸布沾真皮保护乳液为仪表板塑胶件保养
⑥ 装回烟灰缸</td></tr>
<tr><td>来自手汗的污染</td></tr>
<tr><td>在车上饮食留下的痕迹</td></tr>
<tr><td>来自衣服纤维的污染</td></tr>
<tr><td>汽车保养时不小心留下的污染</td></tr>
</table>

思考题：

1. 漆面的老旧污染、刮痕、水痕可否通过车漆修护与保养被去除？

2. 漆面通过研磨工具进行研磨，不需要考虑漆面温度，因为引起漆面抛漏情况几率极少？

第四章

汽车清洗美容产品介绍及应用

本章学习目的：

- 了解各种汽车美容护理用品
- 掌握各种汽车美容护理用品特点及用途
- 重点掌握汽车蜡的选用与实操技巧
- 掌握汽车各部位美容护理技巧

目前市面上各种汽车美容护理产品多而杂，进口的、合资的、国产的各有优缺点，广大消费者选购时无从下手。特别是由于不知汽车美容护理用品的特性、使用方法、适用范围、注意事项等，导致陷入选择上的误区。

本章主要对目前市面上的各种汽车美容护理用品进行分类，并具体说明各类产品的特性、使用方法、适用范围及注意事项等。

一、清洁剂

1. 内装万能清洁剂

（1）特性：内装万能清洁剂是依照潮湿闷热的气候及汽车内装（内饰）特点所开发的最新配方清洁剂，采用了特殊除油配方及非离子界面活性剂，并添加天然橘子萃取液。去污、去蜡力超强，使用时没有呛鼻味，能预防和改善因气候潮湿而产生的霉味，并能持续保持车内内装清洁干净，空气清新。

内装万能清洁剂一般都是高浓缩配方，要依实际的需要及个人的习惯稀释后再使用。如平常保养清洁时，可将清洁剂用水稀释成1∶30（体积比，后同）使用；而旧车美容时可直接使用原液喷洒；皮椅、塑料的清洁可用水稀释1倍后使用。如图4-1所示为内装万能清洁剂F-1。

（2）使用方法

1）内装万能清洁剂倒入喷雾罐中，并用喷雾罐将其喷洒于待清洁的部位。

2）用干净并且拧干的湿布擦拭，反复洗净湿布和擦拭。直到干净为止。

（3）主要成分：多种界面活性剂、橘皮萃取液、碱性助剂、水性溶剂、渗透剂、香精。

（4）注意事项

1）应置于儿童不易触及处，以免发生危险。

2）存放于阴凉干燥处，以免因高温变质。

3）避免接触眼睛，不慎触及眼睛，须以大量清水冲洗。

2. 铁粉去除剂

（1）特性：铁粉去除剂是针对亚洲气候所研发的特殊清洁产品。对已经氧化的铁锈、铁屑、制动屑、铝合金轮毂等具有强力清洁的功能。由于添加了指示剂，当铁粉去除剂产生紫色变化时，即指示污垢已去除，可进行冲洗。图4-2所示为铁粉去除剂E-3。

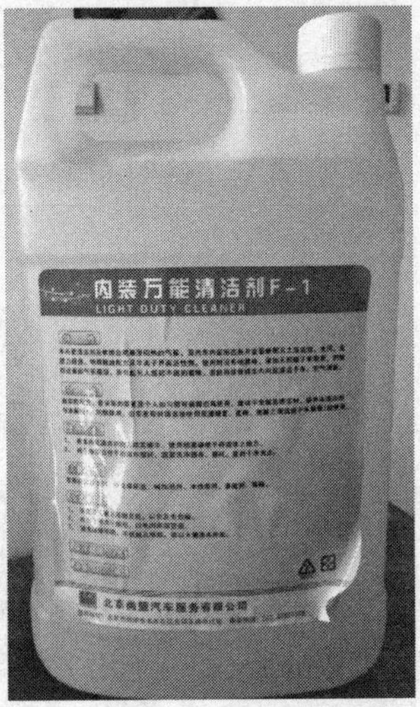

图4-1　内装万能清洁剂F-1

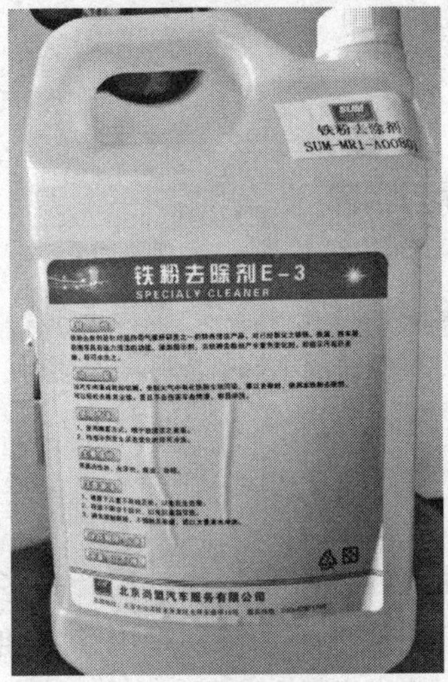

图4-2　铁粉去除剂E-3

（2）功能：当汽车烤漆或铝合金轮毂受到大气中氧化铁粉尘埃污染难以去除时，使用铁粉去除剂，可以轻松去除其尘埃，并且不会伤害车体烤漆，容易冲洗。

（3）使用方法

1）使用喷雾方式将铁粉去除剂喷洒于欲清洁的表面。

2）待指示剂发生紫色变化时即可冲洗。

（4）主要成分：界面活性剂、金属离子封锁剂、还原剂、香精。

（5）注意事项

1）应置于儿童不易触及处，以免发生危险。

2）存放于阴凉干燥处，以免因高温变质。

3）避免接触眼睛，不慎触及眼睛，须以大量清水冲洗。

3. 真皮保护乳液

（1）特性：真皮保护乳液为改良型新配方。擦拭时手感佳，容易施工。施工后，滋润、亮光、具持久性、干爽且不油腻。真皮保护乳液含特殊的成分，可抗日晒、VU紫外线、防止老化，其保护性极佳。真皮保护乳液如图4-3所示。

（2）功能：真皮保护乳液适合用于塑料类、橡胶、皮革、保险杠，也可用于发动机室当防护亮光剂。使用时要用水以1:3的比例稀释。

（3）使用方法

1）将真皮保护乳液倒取适量于海绵上。

2）轻轻擦拭欲保养物件的表面，自然干燥即可。

（4）主要成分：硅利康、树脂、乳化剂、香精。

（5）注意事项

1）应置于儿童不易触及处，以免发生危险。

2）存放于阴凉干燥处，以免因高温变质。

3）避免接触眼睛，不慎触及眼睛，须以大量清水冲洗。

4. 发动机油污清洁剂（油性）

（1）特性：发动机油污清洁剂是利用乳化洗净原理研发的溶剂型自乳化配方洗洁剂，含有特殊的界面活性剂，能够强力去除附在发动机室的油泥污垢，而不会伤害铝合金、橡胶等发动机室机件。亦可以去除柏油及车身蜡膜。图4-4所示为发动机油污清洁剂（油性）H-1。

图4-3　真皮保护乳液

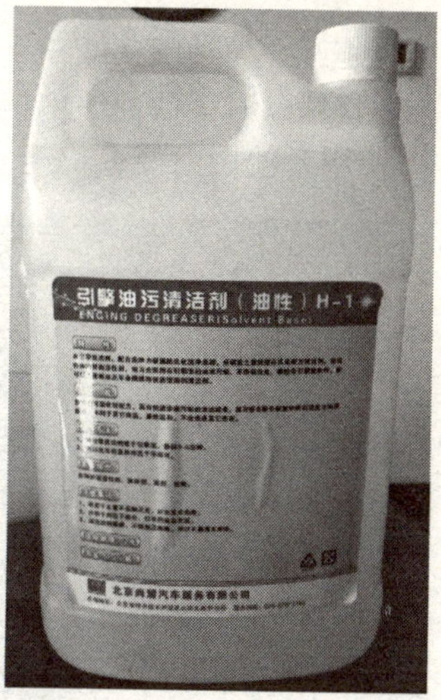

图4-4　发动机油污清洁剂（油性）H-1

（2）使用方法

1）将发动机油污清洁剂喷洒于发动机室，静待3～5min。

2）再以洗车机直接冲洗干净即可。

（3）主要成分：多种界面活性剂、渗透剂、溶剂、香精。

（4）注意事项

1）应置于儿童不易触及处，以免发生危险。

2）存放于阴凉干燥处，以免因高温变质。

3）避免接触眼睛，不慎触及眼睛，须以大量清水冲洗。

5. 钢质轮毂洗洁剂（紫药水）

（1）特性：钢质轮毂洗洁剂使用1:5高浓缩配方，应用范围宽广。含最新界面活性剂，可安全地去除制动屑、油蜡及从路面所沾污的脏垢，洗后具抗污性及亮光性。图4-5所示为钢质轮毂洗洁剂（紫药水）D-5。

（2）功能：只需将钢质轮毂洗洁剂喷洒于钢质轮毂及轮胎表面后，使用高压冲洗机冲洗干净即可。

（3）使用方法

1）依状况用水稀释后使用，喷洒于钢质轮毂上。

2）用洗车机冲洗，即迅速产生非常好的洁净效果。

（4）主要成分：混合酸、渗透剂、界面活性剂。

（5）注意事项

1）应置于儿童不易触及处，以免发生危险。

2）置于阴凉干燥处，以免因高温变质。

3）避免接触眼睛，不慎触及眼睛，须以大量清水冲洗。

6. 轮胎亮光保护剂

（1）特性

1）轮胎亮光保护剂具有高光泽性，采用透明清澈液态硅树脂配方。

2）轮胎施工后具有耐水性、耐候性及抗污染性。光亮持久，适合各种轮胎的保养。皮椅、塑料类皆可使用，使用简便，快速。图4-6所示为轮胎亮光保护剂D-1。

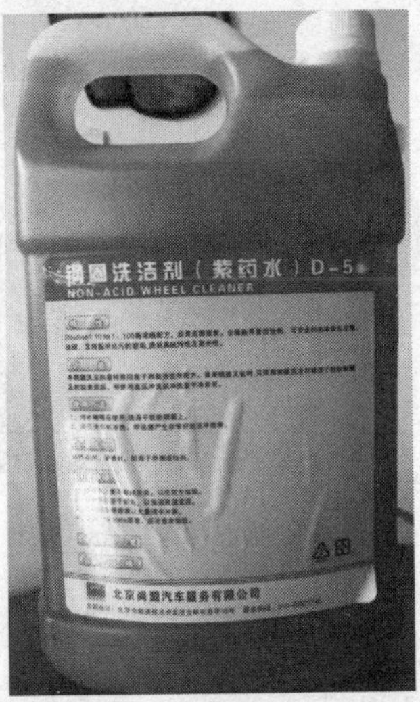

图4-5 钢质轮毂洗洁剂（紫药水）D-5

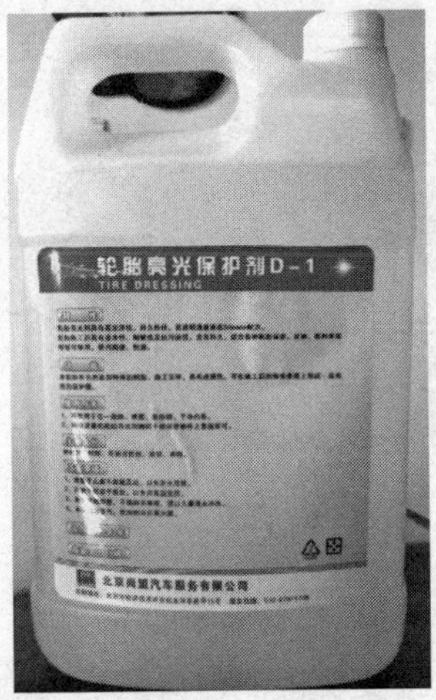

图4-6 轮胎亮光保护剂D-1

（2）功能：轮胎亮光保护剂添加了特殊的树脂，施工后，可在物件表面上形成一层有效的保护膜。

（3）使用方法

1）可使用于海绵、喷雾、轮胎刷、干净的布。

2）倒取适量的轮胎亮光保护剂擦拭欲保养物件的表面即可。

（4）主要成分：硅利康、树脂、界面活性剂、溶剂、香精。

（5）注意事项

1）应置于儿童不易触及处，以免发生危险。

2）存放于阴凉干燥处，以免因高温变质。

3）避免接触眼睛，不慎触及眼睛，须以大量清水冲洗。

4）具挥发性，使用时应远离火源。

7. 强效玻璃亮洁剂

（1）特性：强效玻璃亮洁剂是含高浓缩 IPA 溶剂的浓缩液，稀释比例 5∶1，不含伤害刮水器及车漆的成分。可轻易去除玻璃污垢和油膜，飞散于玻璃表面的喷漆亦可轻松去除。图 4-7 所示为强效玻璃亮洁剂 D-3。

（2）功能：平常使用要加水稀释，能有效去除一般油渍及脏垢，且不会残留，能有效增加玻璃透光性。

（3）使用方法

1）直接喷洒于玻璃表面。

2）以干布擦拭干净即可。

（4）主要成分：非离子界面活性剂、溶剂。

（5）注意事项

1）应置于儿童不易触及处，以免发生危险。

2）存放于阴凉干燥处，以免因高温变质。

3）避免接触眼睛，不慎触及眼睛，须以大量清水冲洗。

8. 美容漂白剂

（1）特性：美容漂白剂是针对老化或褪色变黄的烤漆所研发的特殊洗洁剂。采用水性配方，含天然柠檬萃取液，原液性温和，不会伤害烤漆。可去除车体残胶或口香糖。对发黄的白色车身或者库存的新车以及锈斑、水痕等污垢具漂白净化功能。图 4-8 所示为美容漂白剂 F-2。

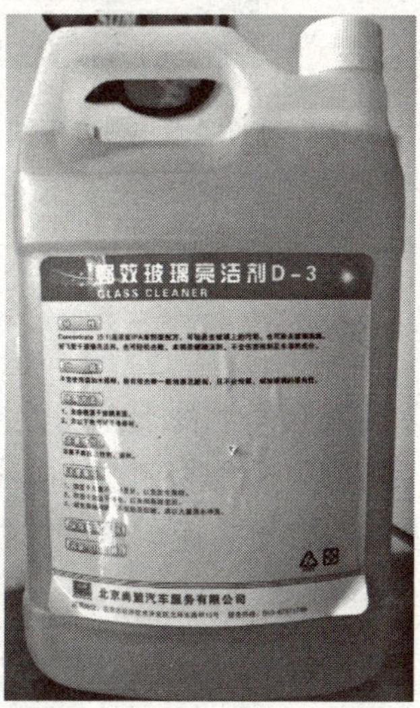

图 4-7　强效玻璃亮洁剂 D-3

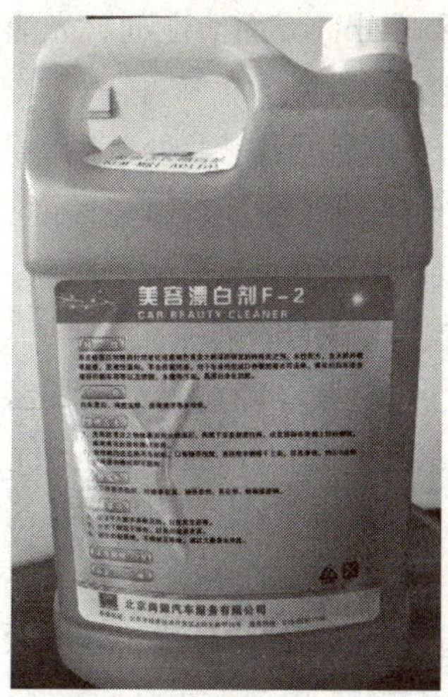

图 4-8　美容漂白剂 F-2

（2）功能：白车漂白、残胶去除、皮椅清洁等功能。

（3）使用方法

1）先将欲清洁物体表面用水喷湿后，再喷洒美容漂白剂，或直接倒在海绵上轻轻擦拭，再用清洁的湿布擦拭即可。

2）处理隔热纸或拖吊车贴纸、口香糖等残胶时，直接将本剂喷洒于上面，任其渗透，约3~5min再用湿布擦拭即可脱落。

（4）主要成分：非离子界面活性剂、柠檬萃取液、碱性助剂、乳化剂、特殊渗透剂。

（5）注意事项

1）应置于儿童不易触及处，以免发生危险。

2）存放于阴凉干燥处，以免因高温变质。

3）避免接触眼睛，不慎触及眼睛，须以大量清水冲洗。

9. 强力柏油去除剂

（1）特性：强力柏油去除剂是溶剂型自乳化配方，添加了保护性油蜡，不会伤害车体烤漆，能快速去除附着车体的柏油及油性或水性污垢。洗后可增加汽车表面的光泽，不会造成上蜡困难。图4-9所示为强力柏油去除剂E-1。

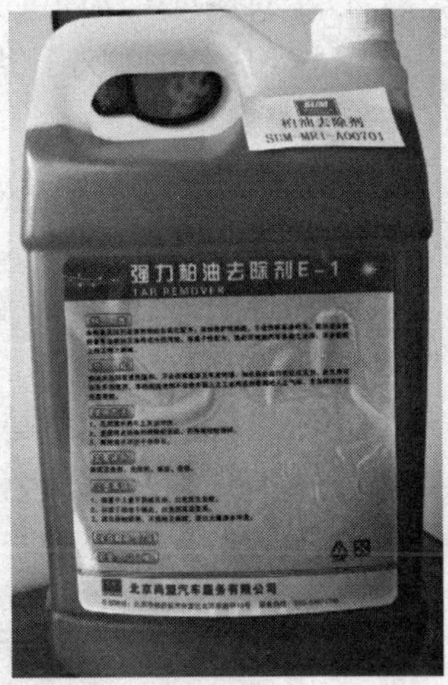

图4-9 强力柏油去除剂E-1

（2）功能：强力柏油去除剂原液性温和，不会伤害皮肤及车体烤漆。加水后会自行乳化成乳剂，可当洗车剂使用，无工业用洗剂难闻呛人的气味，车体烤漆洗后光亮滑顺。

（3）使用方法

1）先用清水将车上灰尘冲洗。

2）直接将去柏油剂喷于脏垢处，用海绵轻轻擦拭。

3）再用清水冲洗干净即可。

（4）主要成分：界面活性剂、光泽剂、煤油、香精。

（5）注意事项

1）应置于儿童不易触及处，以免发生危险。

2）存放于阴凉干燥处，以免因高温变质。

3）避免接触眼睛，不慎触及眼睛，须以大量清水冲洗。

10. 除胶、除漆清洁剂

（1）特性：除胶、除漆清洁剂属溶剂型配方，含氟素界面活性剂及水性溶剂，对于口香糖、任何贴纸及汽车防撞胶条等具优良去除效果，使用后不留残胶，同时对于去除油漆、喷漆、油墨、奇异笔等涂料所造成的污染亦可轻松去除，且不会造成烤漆的伤害。图4-10所示为除胶、除漆清洁剂E-4。

（2）功能：去除任何贴纸、残胶及油性涂料。使用时不呛鼻、不会伤害汽车烤漆。

（3）使用方法

1）将除胶、除漆清洁剂倒入喷雾罐中，用喷雾罐将其喷洒于被污染的地方。

2）用拧干的干净抹布擦拭。

3）对于较难处理的污染物，让清洁剂湿润污染物 3 ~5min 后再去除。

（4）主要成分：水性溶剂、氟素界面活性剂、溶剂。

（5）注意事项

1）应置于儿童不易触及处，以免发生危险。

2）存放于阴凉干燥处，以免因高温变质。

3）避免接触眼睛，不慎触及眼睛，须以大量清水冲洗。

4）须远离火源。

11. 橡胶保护剂（油性）

（1）特性：橡胶保护剂为改良型新配方，含特殊树脂。擦拭时手感佳，滋润、亮光、具持久性、干爽且不油腻，可抗日晒、VU 紫外线和防止老化，其保护性极佳。图 4-11 所示为橡胶保护剂（油性）F-4。

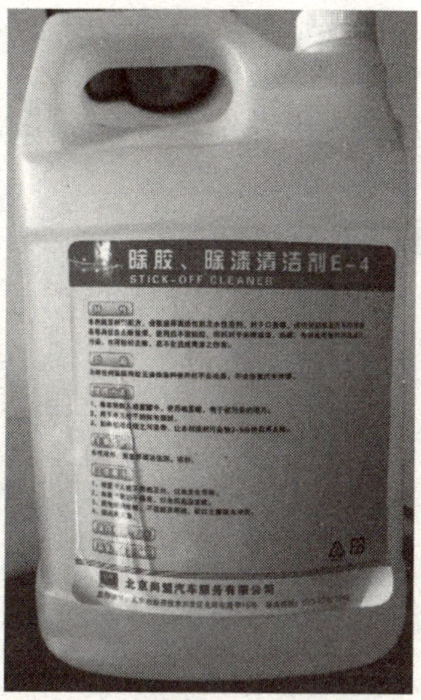

图 4-10　除胶、除漆清洁剂 E-4

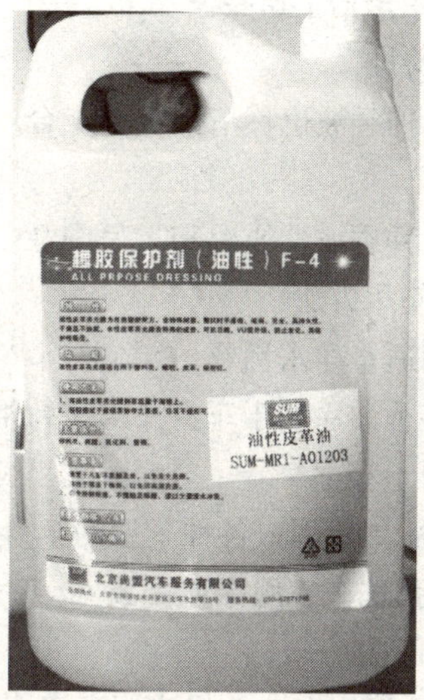

图 4-11　橡胶保护剂（油性）F-4

（2）功能：适用于塑料类、橡胶、皮革、保险杠。

（3）使用方法

1）将橡胶保护剂倒出适量于海绵上。

2）轻轻擦拭于欲保养物件的表面，自然干燥即可。

（4）主要成分：硅利康、树脂、乳化剂、香精。

（5）注意事项

1）应置于儿童不易触及处，以免发生危险。

2）存放于阴凉干燥处，以免因高温变质。

3）避免接触眼睛，不慎触及眼睛，须以大量清水冲洗。

二、汽车护理香波

1. 汽车清洁香波

（1）特性

1）pH 值（酸碱性）为7.0，呈中性。

2）不腐蚀漆面，不脱蜡，伴有柠檬芳香味道。

3）能清洗车身漆面，除油污，去静电。

（2）使用方法

1）适量净水稀释。

2）抹于车身漆面进行清洗。

3）用干布擦净。

（3）适用范围：各种车型的车身漆面。

2. 汽车清洁上蜡香波

（1）特性

1）这种香波也称清洁上蜡二合一，同时具备除油污去静电及给车身涂一层蜡膜护理上光的功用。

2）这种香波性质温和，呈中性，不伤漆面，不脱蜡，伴有芳香味。

（2）使用方法

1）用适量净水稀释。

2）将香波涂洒于车身漆面进行清洗。

3）用干布擦净。

（3）适用范围：各种车型的车身漆面。

3. 电脑洗车机用高泡香波

（1）特性

1）pH 值为中性，超浓缩高泡沫清洗剂。

2）具备强有力的清洗功能。

3）丰富的泡沫起到较好的润滑作用，可有效延长设备寿命。

（2）适用范围：所有车型的车身。

4. 电脑洗车机用上蜡香波

（1）特性：作为电脑洗车的最后工序，它通过为汽车表面除水来缩短干燥时间，并且清洗之后无任何斑点，在汽车漆面留下一层光亮蜡膜，起到护理作用。

（2）适用范围：所有车型的车身。

三、车蜡

1. 去污蜡

（1）特性

1）具有去污、除锈、防垢、保持光亮的功能。

2）恢复漆面及金属面的鲜艳色泽。

（2）使用方法：在不洁部位表面涂抹。

（3）适用范围：汽车车身。

（4）注意事项：不可在车身温热时使用。

2. 亮光蜡

（1）特性

1）光亮持久，品质稳定。

2）在漆面形成保护膜，防止氧化、酸蚀、雨水的侵蚀。

3）使漆面不粘灰尘。

4）内含色彩鲜艳剂。

（2）使用方法：涂抹车身表面。

（3）适用范围：汽车车身。

（4）注意事项

1）不可在车身温热时使用。

2）如漆面粘着污垢，请用去污蜡除垢后，再涂抹亮光蜡。

3. 保护蜡

（1）特性

1）以蜡为基础。

2）除去油污、柏油。

3）防止生锈。

4）产生稳定、防水的保护膜。

（2）使用方法

1）洗净汽车。

2）完全干燥。

3）使用前摇动罐子。

4）均匀喷涂即可。

（3）适用范围：汽车的表面及槽沟。

（4）注意事项

1）不可使用在以桐油为基础的油漆面上。

2）这种保护蜡为易燃物。

4. 汽车底盘保护蜡

（1）特性：适用于漆面、橡胶、塑胶及 PVC 烤漆。可长久防止底盘腐蚀及碎石的撞击，预防表面颜色的改变，达到隔音防锈的效果。

（2）使用方法

1）使用前先将底盘洗净，并用钢刷除锈，直到完全清洁及无锈情况下才可喷涂汽车底盘保护蜡。

2）使用汽车底盘保护蜡前须用力摇动罐子，使内部化学剂能充分混合。

3）使用汽车底盘保护蜡仅需0.3～0.8MPa的空气压缩机即可。

（3）注意事项

1）汽车底盘保护蜡为易燃物。

2）使用时须注意保护眼睛、皮肤与呼吸系统。

3）不可使用在排气装置、制动器及弹簧上。

4）汽车底盘保护蜡使用时必须用酒精稀释。

5. 镜面蜡

（1）特性

1）镜面蜡是一种高性能的护理型天然蜡，含有巴西棕榈和聚碳酸酯。

2）对漆面渗透力极强，能使漆面光泽如镜，且保持长久，能有效地护理汽车漆面。

（2）使用方法：涂抹于车身漆面。

（3）适用范围：适于新车及旧车抛光翻新后的漆面护理。

（4）注意事项：手工打蜡和机器打蜡均可。

6. 抗静电蜡

（1）特性

1）抗静电蜡是一种喷雾型上光护理蜡。

2）能防止漆面静电的产生，最大限度地减少静电对灰尘、油污的吸附。

（2）使用方法：涂抹于车身漆面。

（3）适用范围：适用于汽车漆面、皮革、塑料和铬质表面的护理。

7. 彩色蜡

（1）特性

1）分为红、蓝、绿、灰、黑五种颜色，即打即抛，省时省力。

2）不同颜色的车使用相应颜色的蜡可对漆面起到修饰作用，可掩盖轻微细小划痕。

（2）使用方法：涂抹车身表面。

（3）适用范围：适用于各种汽车漆面。

四、保护漆与保护剂

1. 铝合金轮毂亮丽保护漆

（1）特性

1）以人造树脂为基础的材料。

2）耐磨损、腐蚀、撞击、污垢，可提供持久的保护。

3）喷涂后不会粘着灰尘。

4）这种保护漆为银色。

（2）使用方法

1）拆除轮胎、螺母。

2）擦掉轮毂的铁锈。

3）距轮毂表面250mm处进行规则的喷涂。

（3）适用范围：铝合金制品的表面、轮毂。

（4）注意事项：这种保护漆为易燃物，使用场所禁止明火。

2. 塑胶漆

（1）特性：喷涂后，可让塑胶制品保持如新。

（2）使用方法

1）使用前用力摇动罐子。

2）清除塑胶制品表面的污垢。

3）距塑胶制品表面200mm处，以交叉方式喷涂。

4）用毕后，倒置罐子，放出罐内瓦斯，用丙酮洗喷嘴。

（3）适用范围：汽车保险杠、挡泥板、扰流板、塑胶装饰板。

（4）注意事项：塑胶漆为易燃物，使用场所禁止明火。

3. 排气管保护漆

（1）特性

1）保护排气管，防止腐蚀。

2）高耐热性，可达耐温700℃。

3）高粘着力，不脱落。

（2）使用方法

1）使用前摇动罐子。

2）彻底洗净排气管的污垢。

3）距排气管表面250mm处，以交叉方式喷涂。

4）20分钟后，再重复喷涂一次。

（3）适用范围：汽车排气管。

（4）注意事项：使用完毕，罐子须倒置，放出罐内瓦斯，保持喷嘴干净。

4. 发动机漆面保护剂

（1）特性

1）特殊透明性保护漆。

2）防止金属表面老化及粘污尘、污垢。

3）保持发动机外观清洁。

4）使用温度范围自-20~800℃。

（2）使用方法

1）先用发动机清洁剂彻底洗净发动机表面，并干燥。

2）在发动机表面均匀地喷涂发动机漆面保护剂约20min，全部干燥后再喷涂一次，也约20min，待完全干燥后即完成。

（3）适用范围：保护发动机及其配件的表面。

（4）注意事项

1）不可使用在以桐油为基础的油漆面上。

2）发动机漆面保护剂为易燃物。

5. 电机接点保养剂

（1）特性

1）可免除蓄电池正负两极通电时产生的氧化物。

2）防止酸性氧化物产生，使蓄电池无电压损失及电阻过大而升温现象。

3）保护蓄电池，增加蓄电池的寿命。

（2）使用方法

1）先以苏打水清洁固定支柱及蓄电池接线柱。

2）在固定支柱及蓄电池接线柱上喷涂电机接点保养剂。

（3）适用范围：凡电流量为交流、直流的导柱及插头皆可适用。

6. 蓄电池接线柱保护剂

（1）特性：喷洒蓄电池接线柱保护剂可形成一层长效性红色保护薄膜。能耐高温，保护蓄电池接线柱及电线插头；耐腐蚀、酸化及产生铅锌氧化物质；导电性良好，防止过大电压降。

（2）使用方法

1）彻底清洁蓄电池接线柱及电线插头。

2）使用前先摇均匀，再喷向蓄电池接线柱周围。

3）不可在有火源附近使用，使用时勿吸烟。

（3）注意事项

1）因装蓄电池接线柱保护剂的罐为压力容器，应避免放在阳光下或50℃（120°F）温度下曝晒。

2）用毕后，不能燃烧容器或在容器上打洞

3）这种保护剂不能喷洒在火焰或热物体上。

4）用完的空罐，应立即弃于垃圾筒中。

7. 真皮保护剂

（1）特性

1）使发硬的皮革制品表面变得柔软光滑。

2）延缓皮革老化，提高光亮度。

3）伴有令人愉快的香味。

（2）使用方法：喷洒于皮革表面即可。

（3）适用范围：所有汽车皮革制品。

五、抛光剂

1. 强力抛光剂

（1）特性

1）强力抛光剂是比研磨剂颗粒更细的一种新型研磨材料。

2）能去除漆面较厚的氧化层、划痕及喷漆时出现的“麻点”“垂流”等。

3）不含硅和蜡，可安全用于喷涂车间和汽车美容店。

（2）使用方法：利用抛光机均匀涂抹于汽车漆面。

（3）注意事项：用前先小试为好，配合抛光使用。

2. 漆面还原抛光剂

（1）特性

1）漆面还原抛光剂比强力抛光剂的研磨颗粒更细一些，能去除漆面中度氧化层和轻度划痕。

2）不含硅和蜡，安全用于喷漆车间，是汽车美容店作汽车漆面翻新的主要用品。

3）漆面还原抛光剂所含油分在漆面抛光的同时渗入漆内补充油漆失去的油分，起到护理增亮作用。

（2）使用方法：配合抛光机涂抹于汽车漆面。

（3）适用范围：汽车漆面。

3. 快速抛光剂

（1）特性

1）快速抛光剂比中度抛光剂的研磨颗粒更细一些，具有去除轻微氧化层和上蜡护理双重功效。

2）作为抛光的最后一道工序，其可用手工来完成，弥补机器抛光不匀，产生光环等现象。其有增艳效果，又称增艳剂。

（2）使用方法：手工均匀涂抹于汽车漆面。

4. 玻璃抛光剂

（1）特性：能去除玻璃表面上沾染的柏油、油脂、昆虫尸体、污渍和发乌的氧化层等难以洗掉的污垢。

（2）适用范围：常用于风窗玻璃、后视镜等部位。

5. 多功能抛光剂

（1）特性

1）去除金属电镀表面、玻璃等硬质表面发乌的氧化层，使其恢复原有的光泽，并形成一层极光亮的保护膜。

2）也可用在汽车漆面，使用快捷，特别适合新车售前准备。

（2）适用范围：各类金属电镀表面、玻璃等硬质表面及汽车漆面。

6. 汽车蜡

自从世界上有汽车蜡至今已有几十年的历史。它由最初的单一增光的概念，发展到今天的保护性的上光大体上经过了以下几个阶段：固体石蜡、膏体石蜡、液体蜡、单种聚合物车蜡、多种聚合物车蜡及纯天然蜡六个阶段。

（1）车蜡的作用。众所周知，给汽车车身打蜡是为了有效地保护漆面，使其保持长久的亮丽风采。那么车蜡是如何实现上述功用的，其作用归纳如下。

1）防水作用。汽车在使用过程中难免受到风吹雨淋，当水珠留在车表面，在阳光照射下，每个小水滴就是一个凸透镜，在它们的聚焦作用下，焦点处的温度可达800～1000℃，造成漆面暗斑。另外，水滴也容易使外露的金属表面产生锈蚀。有些高档车蜡甚至可使水滴附着减少90%以上，从而大大降低了车漆的损伤。

2）防紫外线的作用。由于紫外线的特性决定了它容易折射进入漆面，日久天长，漆面组织会出现失光、异色斑点（涂层中的颜色折出），甚至出现龟裂。而防紫外线的车蜡则充分考虑了紫外线的特性，使其对漆面的侵害降到最低。

3）抗高温作用。车蜡的抗高温作用其实是与其防紫外线的作用并行的，就是对照射在车身表面的光产生有效的反射，防止反射光侵害漆面。光线射入后，经过罩光清漆（清罩）折射到基漆层，基漆层在长时间照射后会产生蜕变，从而影响汽车漆面外观，同时也使车产生色差。如果能及时给汽车打蜡，可在蜡和罩光清漆的共同作用下，使车身表面艳丽如新。

4）防静电的作用。汽车静电产生一方面在于化纤组织物的摩擦；另一方面是车辆高速行驶过程中，空气中的尘埃与车表面的摩擦，使车身表面产生静电，吸附空气中有害气体及灰尘，对漆面产生危害，时间长了，在车身表面形成一层薄薄的膜，从而使车漆失去光泽。车蜡的防静电作用就是隔断尘埃与车身表面的摩擦。

（2）打蜡前注意事项。一是选蜡，二是操作。选蜡应根据车漆保护的需要进行，尽量根据车蜡的不同功效结合车漆特点精心选择，这样效果会更加明显。打蜡的操作一般在车体洗净后进行。现在的车蜡多为液体蜡，使用前应将液体蜡摇晃均匀，将少许倒入湿布或海绵上，在车漆表面小面积旋转擦拭，稍干后再用软洁布反复擦干即可，操作时应在阴凉处为妥。另外，一辆车在研磨后，必须要涂保护性上光蜡，这样能使车漆光泽倍增，并有长时间的保护作用。

六、除锈、防锈剂

1. 汽车底盘防音防锈剂

（1）特性

1）以橡胶为基本材料的一种防锈剂。

2）用于汽车底盘的防音、防锈处理。

3）具有防腐蚀、隔音的效果。

4）喷涂在垂直方向的表面而不滴流。

（2）使用方法

1）喷涂汽车底盘表面。

2）如果汽车老旧，须先以钢刷除锈。

（3）适用范围：汽车底盘及前后挡泥板。

（4）注意事项

1）不可使用在汽车变速装置、油箱、转向轴、差动器轴、弹簧通气导管、制动器及任何可转动的部分。

2）汽车底盘防音防锈剂为易燃物。

3）避免接触身体。

2. 透明保护防锈树脂

（1）特性

1）保护金属品，使其免于生锈、腐蚀。

2）保持原有的外观。

（2）使用方法

1）使用前摇动罐子。

2）将小塑胶管插入车体的间隙处。

3）喷涂时，不断将罐子往复移动。

4）在喷涂过程中，如果不慎溅到漆面，可用汽油擦净。

5）用毕后，倒置罐子，放出罐内瓦斯，保持喷嘴干净。

（3）适用范围：汽车门槛、头灯框、车门内部槽沟。

（4）注意事项

1）在常温下硬化时间需 1h。

2）透明保护防锈树脂为易燃物。

3. 二硫化钼防锈剂

（1）特性

1）除去强烈的铁锈及污垢。

2）洗涤及榨出胶质和树脂污垢。

3）在金属表面形成二硫化钼的保护膜，防止碾轧声，达到除锈、防锈、润滑的效果。

（2）使用方法：将二硫化钼防锈剂对准需要除锈、防锈的物体喷涂。

（3）适用范围

1）任何需除锈、防锈的物体。

2）门铰链、铰环。

（4）注意事项：二硫化钼防锈剂为易燃物。

4. 特级防锈剂

（1）特性

1）特级防锈剂是一种润滑油脂的防锈剂。

2）防止点火线圈漏电，迅速恢复本来的特性。

3）防止形成铁锈。

4）除去强烈湿气。

5）保护表面，使新的污染无法形成。

（2）使用方法：将特级防锈剂对准需要喷涂的表面喷涂。

（3）适用范围：任何需防锈的物体。

（4）注意事项：特级防锈剂为易燃物。

5. 干性防锈剂

（1）特性

1）干性的防锈剂。

2）除去腐蚀。

3）可与生锈部分产生氧化，使其不易再生锈。

4）长时间停留在物体表面而不消褪。

5）耐温达 300℃。

（2）使用方法

1）先除去生锈、污垢、油漆。

2）涂抹干性防锈剂。

3）涂抹三层可保护金属物体长时间不生锈。

（3）适用范围：欲使任何已生锈的金属物体不再生锈时使用，尤以车身为佳。

（4）注意事项

1）干性防锈剂为易燃物。

2）干性防锈剂含二氯甲烷，避免吸入肺部及触及皮肤、眼睛。

6. 底盘防锈系列产品特性及使用范围

（1）锌喷剂：增强金属表面防锈防蚀功能，且有良好导电性，可用于点焊。

（2）铝喷剂：有防锈功能，耐高温至 650℃，可用于排气管、轮毂和铝金属表面。

（3）止锈底漆：可防金属的再度腐蚀和锈斑，是一种长效止锈剂，且颗粒微细，是很好的底漆，可用于车身各部位。

（4）SKS 防撞漆（黑色、乳白色）：防止石砾的撞击而破坏底盘及烤漆脱落、腐蚀，是一种水性漆。可用于挡泥板、底盘、车门槛、后车厢内部及保险杠。

（5）防撞漆（油性）：这是一种油性漆，颗粒较小，可用于底盘、挡泥板、扰流板、车门槛、保险杠、后车厢等。

（6）喷雾式防撞漆：用于局部或细缝。使用前摇匀，工作快速、方便。

（7）车身防锈保护蜡（500ml 或 1000ml）：适用于钣金接合的内部及车门内壁、叶子板及车门槛内的防锈处理，并有防潮去水的功能。

（8）硝化纤维表面涂剂：特别适用于轻微局部修补。快干、迅速、便捷。

七、护理剂

1. 皮革塑料上光护理剂

（1）特性：皮革塑料上光护理剂含有能滋润皮革、塑胶的聚合物，可在皮塑表面形成一层保护膜，起到翻新、增光、抗老化的功效。

（2）适用范围：可用于皮革座椅、仪表板、车门内侧和保险杠等部位。

2. 真皮保护乳液

（1）特性：用于乙烯基表面的翻新整饰用品，能及时光亮和润滑通道孔、电器闭合闸等表面；可形成一层有效的保护膜，长久保持柔和的光泽。

（2）适用范围：汽车仪表板、方向盘等。

3. 轮胎增黑护理剂

（1）特性：轮胎增黑护理剂含有专门的聚合油脂，集清洁、增黑、抗老化护理于一体，能对轮胎表面提供长久的不受天气影响的光亮，恢复轮胎等橡胶件的自然光泽。

（2）适用范围：汽车轮胎及保险杠、密封条等皮塑表面。

4. 轮胎上光护理剂

（1）特性：轮胎上光护理剂为轮胎及其他橡胶制品提供防水、防酸碱浸蚀及长久的光泽效果，用后轮胎特别亮丽。

（2）适用范围：汽车轮胎及其他橡胶制品。

八、其他护理品

1. 雨刮精

（1）特性

1）界面离子浓缩剂，不伤害车身钢板及漆面，快速清除污垢。

2）不产生伤害眼睛的折光。

3）延长刮水器寿命。

4）一罐25mL的雨刷精，可与2.5～3L的水稀释。

（2）使用方法：打开易拉罐，注入刮水器喷水箱。

（3）适用范围：任何车种。

（4）注意事项：要以清水作为刮水器用水。

2. 防雾剂

（1）特性

1）可达到清洁、防雾的效果。

2）不伤害漆面及刮水器，无环境污染。

（2）使用方法：打开易拉罐，倒入喷雾罐内即可使用。

（3）适用范围：汽车内、外风窗玻璃。

（4）注意事项：防雾剂为易燃物。

3. 玻璃与金属粘接剂

（1）特性

1）有瞬间粘接效果。如果粘接时间为24h，可得到长效性粘接。

2）有效温度可达120℃。

（2）使用方法

1）使用前，以万用清洁剂洗净物体表面。

2）将活性剂涂在玻璃表面，等待数秒钟后蒸发。

3）将粘接剂涂在金属表面，两者粘接30s后即可。

（3）适用范围：可牢固粘接玻璃与金属。

4. 空气清新剂

（1）特性

1）空气清新剂由天然香料制成，对人体无害。

2）属喷雾剂型，伴有自然花香，兼具杀菌功能，喷后扩散快，香气保留时间长。

（2）适用范围：汽车内室的清洁护理。

九、汽车美容护理实务

1. 车身柏油的处理

一般来说，道路大多以柏油与石子混合铺成。天气晴朗时不至于发生柏油附着在车身的情形。但如果经过正在施工的柏油路面那就难以避免了。下雨天，车身容易附着柏油。因为下雨及路面质量不好会使路面遭受破坏，跟随着车轮或其他车而溅到车身上。这些柏油颗粒如果附着在浅色车时，那就很不美观了。

车身柏油处理的基本程序如下：

(1) 先将车身清洗干净，即可看出柏油颗粒。但如果为深色车就不易发现，需仔细查看。

(2) 在干净布上沾上柴油或煤油，并轻抹在柏油处。或将柴油或煤油装在喷涂容器内喷洒在柏油处。

(3) 等待车身上的柏油溶解。

(4) 擦拭溶解后的柏油，如果仍未能完全溶解，可再多加些柴油或煤油使其溶解。

(5) 擦拭干净后，立即用清水清洗该处并擦拭干净。

(6) 拭干后再将全车或只有清洗柏油的部分打蜡、清洁。在清洁车身上的柏油时千万不可使用与乙二醇基有关的溶剂，如汽油、酒精、制动液等，否则容易破坏车身上的烤漆。

2. 轮胎美容处理

轮胎美容较为简单，基本程序如下：

(1) 先用清水将车轮彻底清洗干净并风干。

(2) 再用轮胎保护蜡将轮胎内外侧加以涂抹与整理。

(3) 最后再用亮光蜡加以喷亮即可。

3. 保险杠及饰板的美容

保险杠及饰板美容的基本程序如下：

(1) 用亮光蜡整理门饰条及门槛。

(2) 用亮光蜡整理风窗玻璃下方的塑胶板。

(3) 用亮光蜡在保险杠喷上一层美观的保护蜡即可。

(4) 涂完后即可结束处理程序。如果表面处理较细时，看不出有补过的迹象。

4. 汽车内室清洁护理

汽车内室美容服务项目包含车门板、顶棚（专业刷洗设备如图 4-12 所示）、仪表板、座椅（专业刷洗设备如图 4-13 所示）、脚踏垫、地毯（专业刷洗设备如图 4-14 所示）、行李箱，基本程序如下：

(1) 内室清洁剂喷洒。

(2) 专业刷洗设备（图 4-15）刷洗。

(3) 高密度海棉或清洁布擦拭。

(4) 塑料及橡胶保护条清洗。

图 4-12　顶棚专业刷洗设备

图 4-13　座椅专业刷洗工具

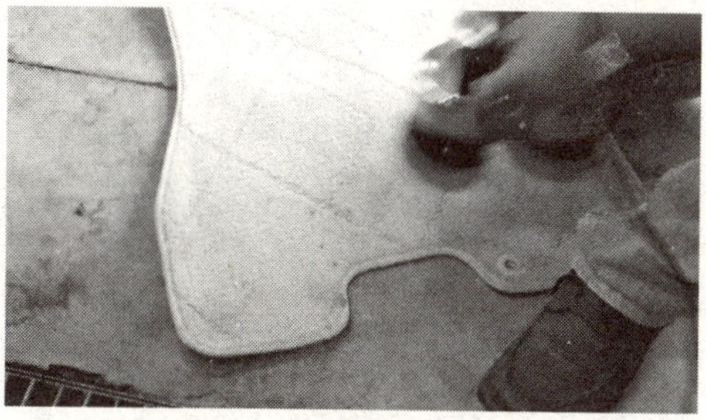

图 4-14　地毯专业刷洗设备

图 4-15　汽车内室刷洗设备

（5）皮革保养护理。

（6）脚踏垫专业清洗及脱干。

思考题：

1. 汽车清洗产品是否不需要查看产品说明手册就能依照产品名称进行施工？
2. 油性护理产品可以用来涂抹玻璃吗？

第五章

汽车凹陷修复技术

本章学习目的：

- 了解凹陷修复的特点
- 认识凹陷修复的相关设备及工具
- 掌握凹陷修复常用工具的使用方法
- 重点掌握凹陷修复技术实操流程

一、凹陷修复的由来

20世纪40年代，美国下了一场冰雹，把汽车制造厂所生产的新车都砸出了凹陷，被砸出凹陷的汽车很难销售出去，而重新钣金、烤漆又会使生产厂家的损失非常大。为了解决这一问题，美国事故车维修协会I-CAR召集了许多汽车钣金专业人士进行研讨，经过无数次的实践，终于共同研发出不破坏原车漆，就可以使汽车凹陷部位复原的汽车凹陷修复技术。

但在修复完这批受损汽车后，这项技术并没有真正在美国推广成为一个专业维修项目。直到20世纪80年代，日本从美国引进了该技术，并从汽车维修行业里独立出"汽车凹陷修复"这个全新的项目，并在日本地区进行推广。经过20余年的发展，这个项目已完全被接受，并被日本的几大保险公司设定为专项保险险种。

凹陷修复技术是一种利用专用工具对汽车未损伤车漆的凹陷部位进行快速修复的手工技艺，可以在短时间内将汽车表面凹坑复原如初。该技术摒弃了传统的钣金、烤漆工艺，具有不伤车漆、快速修复、费用少、时间短的特点。

随着汽车市场的蓬勃发展及汽车保有量的增长，车辆运行中遇到刮碰、沙石飞击、冰雹敲击等情况都会使车身产生凹坑，所造成的凹坑通常并不会使车漆损坏。凹陷修复技术可以在不伤害到车漆的情况下对汽车表面由于碰撞产生的凹坑进行修复，不必使用传统钣金喷漆的方式进行漆面凹陷修复。凹陷修复技术应用特制的系列工具和修复器，方便快捷地将车身凹陷恢复原状，而不是一般意义上的修补。

车辆受撞击损伤，应根据具体情况来判断是采用钣金喷漆或是凹陷修复方案。损伤漆面可以分为严重受损和轻微受损，许多情况下的损伤仅仅是车身被撞击出了各种各样的凹坑，并没有伤害车漆。这种情况一般都可以采用凹陷修复技术来修复。而已经损伤的车漆只能通过钣金喷漆方法来处理。

当汽车车身经过碰撞形成凹陷，也同时在其凹陷处产生了张力。任何物体都有恢复其原状的“愿望”或者说是“惯性”。免喷漆凹陷修复技术就是利用光学、力学、热力学和化学等原理来实现修复的。利用光折射的视觉效果判断凹陷的位置和程度，应用杠杆原理按摩车身内部“肌肤”逐步将车身凹陷处的张力释放，让车身凹陷表面“熵”值达到最大，使凹陷恢复原状，实现对车身凹陷的快速、准确、完整地修复。同时再使用镜面镀膜技术，辅助修复后的汽车表面更加光亮如新。

凹陷修复技术并非十全十美，车身的一些特殊部位用这种方法是修理不了的。一是汽车材质变形得不能修复，比如车体毁损；二是漆面已经破损得不能修复；三是塑料、玻璃纤维聚氨酯乙料等一些材质不能修复；四是机床直接压成的小角度部位不能修复，双层结构的部位不能修复、还有特别坚硬的部位不能修复。凹陷修复技术属于汽车钣金领域的一种技术，但是工作方式和方法却与一般钣金技术截然不同，这个技术的优势是灵活方便、快捷、成本低，但构成凹陷修复的核心原理依然是钣金中常用到的找平技术。

针对尚未损伤车漆的凹陷，可以保留原有车漆，避免烤漆所造成的漆雾、漆流、色差、色变和桔皮等缺陷，保留了原车原漆应有的价值，这是传统钣金技术无法比拟的，这也说明汽车凹陷修复技术发展在汽车后市场的重要性。

二、汽车凹陷修复技术简介

1. 凹陷修复特征

汽车凹陷修复技术是指受到外力碰撞后附着在车身上 1 ~ 10mm 的小坑无需钣金喷漆，在 10 ~ 90min 的运用光学、力学、热力学和化学等多方面技术原理，对未损伤车漆的、大小及深浅不同的凹陷，通过局部的特殊工艺修复，无需传统的钣金喷漆就可以达到复原。

它打破了传统的“钣金、补腻子、喷漆”的模式，是一种对于汽车外形各部位因外界力量撞击而形成各种凹陷进行修复的技术。只要车身漆面没有受到破坏，金属表面没有过大的伸张，使用专业照明灯和杠杆工具就可以进行修复，能使车辆再次展现原有的风采。

原理虽然十分简单，所应用工具也并不复杂，但如果想修护一个指甲大的小凹陷，就需要经过专业化训练和针对性的练习才能完成修复。汽车车身有许多部位是双层铁皮结构，有许多部位的凹陷位置工具无法触及，这也是汽车凹陷修复技术的局限性，但它还是解决了不少车身外观的复原问题。

学习凹陷修复技术必须得掌握每一个凹陷的结构，这也和学习者的能力、意识、努力是分不开的。在坚持一段时间后，技术能力就能相应的提高，并能完全掌握此技术的精髓与技巧。

凹陷修复的特点：

（1）无需钣金、补腻子、喷漆等工艺，对人体及环境无害。

（2）安全的操作，无需使用任何机械类及热源。

(3) 价格便宜。

(4) 节省时间。

(5) 能保持车辆原有的车漆。

凹陷修复的常识如图 5-1 所示。

图 5-1 凹陷修复的常识

注：目前随着技术的不断改进及专用工具的开发，像车顶及 A 柱、B 柱、C 柱的双层及多层结构也可修复。在不损坏车漆的情况下，修复率可达到 99%。

2. 凹陷修复技术的优缺点

(1) 优点

1) 时间短，无需预存车辆，几十分钟便可完成。

2) 价格低，只有钣金喷漆价格的一半左右。

3) 无需喷漆。

4) 完全无公害作业。

(2) 缺点

1) 车体毁损凹陷和车辆材质变形无法修复。

2) 漆面破损会留下破损痕迹。

3. 可修复的部位

(1) 大的平面位置与斜面位置。

(2) 不伤漆的凹陷。

(3) 合金部位。

4. 不可修复的部位

聚氨酯乙料部位、塑料部位、玻璃纤维等，机床压成的角度与车门弯曲的部位、个别坚硬部位、双层结构部位。

三、常用工具及设备应用

汽车凹陷修复专用工具由三大部分组合而成，即长工具、方便型手工具和附属工具（拉锤式修复工具）。凹陷修复大坑时，可使用拉锤式修复工具。确定深凹陷的位置。将粘连子用胶枪把胶融化并粘在深凹陷的位置。可多放几个粘连子，用于深坑的拉，拽。拉锤钩在粘连子上，先整体拽几下拉锤，再将拉锤中心柄冲几下，以便达到可使用大工具进行方便快速修复的程度。凹陷修复专用工具如图5-2所示。

图5-2 凹陷修复专用工具

1. 长工具

长工具主要适用于车身的前后叶子板、车顶、发动机罩、行李箱盖等凹陷部位，由于距离支点较远、内部空间较大，便于使用。1～14号长工具一览如图5-3所示。以下介绍各号数长工具使用部位范围。

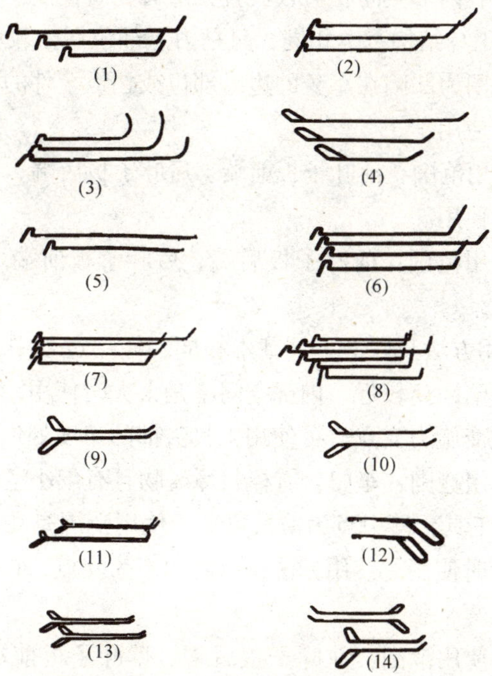

图5-3 1～14号长工具一览

（1）1号长工具。使用范围：前后叶子板、车顶、发动机罩、行李箱盖等凹陷部位较远、内部空间较大的部位。

1 号长工具以全长的二分之一或三分之一处为支点，利用杠杆原理向上顶，使凹陷逐渐恢复平整。用此工具修复较大凹陷时要配合塑料球使用，以避免起点和裂漆。车身无支点可用时，需用挂钩作为辅助力点。

(2) 2 号长工具。使用范围：前叶子板、车门、车顶、发动机罩、行李箱盖。凹陷部位于上述部位相对较远、内部空间较大无障碍时使用。

(3) 3 号长工具。使用范围：前后叶子板、车门、车顶、发动机盖、行李箱盖。凹陷部位位于上述部位较远、内部空间较小且无障碍物时使用。

2 号长工具和 3 号长工具的使用方法与 1 号工具的使用方法基本相同，主要用于较远的凹陷，在使用过程中，也需要塑料球和挂钩作为辅助工具。

(4) 4 号长工具。使用范围：前后叶子板、车门、车顶、发动机盖、行李箱盖。凹陷部位于上述部位较近、内部空间较小且无障碍时使用。

(5) 5 号长工具。使用范围：前叶子板、车门、车顶、发动机盖、行李箱盖。凹陷部位位于上述部位较远、内部空间较大且无障碍物时使用。

4 号长工具和 5 号长工具的使用方法基本相同，使用范围是在个别车型内部没有障碍物时使用，主要用于轿车的前后叶子板、车门、发动机盖、车顶边缘、行李箱等部位的夹层部位，夹层有较大空间时使用。

(6) 6 号长工具。使用范围：前后叶子板、车顶、发动机盖、行李箱盖、车门。凹陷部位位于上述部位相对较远、内部空间相对较大且无障碍物时使用。

6 号长工具与前几个工具结构基本相同，只是力点部位属于较为平整的半圆形，所使用的力点面积较大。使用范围为凹陷在车身的边缘部位或在钣金件的夹层边缘部位，在空间较大、没有障碍物的情况下使用。

(7) 7 号长工具。使用范围：前叶子板前端、后叶子板后端、车门上端。凹陷部位在车体部位中央，无障碍物时使用。

(8) 8 号长工具。使用范围：前叶子板后端、后叶子板前端。凹陷部位在上述部位边缘、无障碍物时使用。

7 号、8 号长工具使用方法与以上工具基本相同，使用过程中，因整体长度比前几种较短，使用范围主要是在凹陷距离较近、内部空间不是太大时使用，在使用过程中随凹陷位置和车体结构的不同，需改变施力支点，可使用工具尖部的角度处作为施力点。

(9) 9 号长工具。使用范围：车门，有棒状障碍物且有细小空间时使用。

9 号长工具属于特殊工具，着力点为薄长扁形，使用范围是在车体的夹层部位，在内部空间较小、凹陷距离较远时使用。使用方法是以施力点为支点，在手柄处以纵向左右拧动顶压凹陷部位，使其逐渐恢复平整。

(10) 10 号长工具。使用范围：前叶子板后端、后叶子板前端，凹陷部位面积较大时使用。

10 号长工具与 6 号长工具结构相同，但比 6 号长工具短，力点部位属于较为平整的半圆形，所使用的力点面积较大。使用范围为凹陷在车身的边缘部位或在钣金件的夹层边缘部位，空间较小、不方便使用塑料球时使用。

(11) 11 ~14 号长工具。使用范围：凹陷部位位于车门锁的周围，有障碍物时使用。

11 ~14 号长工具属于特殊型工具，主要适用于车门有锁部位、门把手部位和门上部的夹层部位。因形状的特殊性，使用方法也不同，主要是以小幅度的纵向转动来顶压凹陷部位，使其逐渐恢复平整，使用方法是左右拧动手柄来施力。使用范围主要是凹陷的下部有较大空间或凹陷在夹层的边缘，又可放入工具的部位。

2. 方便型手工具

方便型手工具主要适用于发动机盖、车顶、行李箱盖等有框架结构及双层结构的边缘部位，且有细小空间时使用。1 ~20 号方便型手工具如图 5-4 所示。

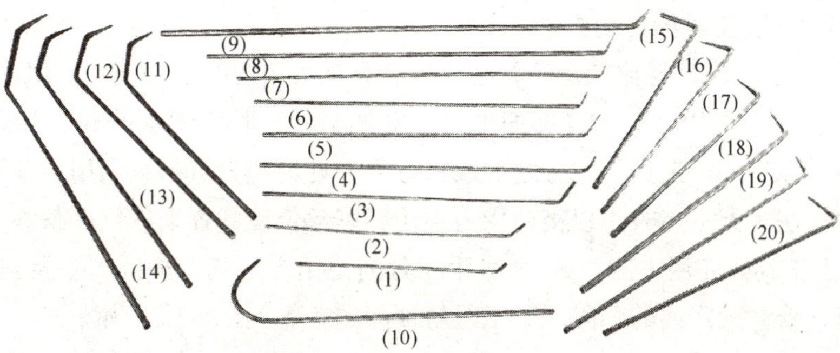

图 5-4　1 ~20 号方便型手工具

(1) 1 号、2 号手工具。使用范围：发动机盖、行李箱盖等有框架结构的边、靠立柱的边缘部位，使用范围较广。

(2) 3 号、4 号手工具。使用范围：发动机盖的前半部有锁部位且是双层结构有空间、行李箱后半部的有锁部位且是双层结构有空间。3 号用于凹陷部位于上述部位的左侧，4 号工具用于凹陷部位于上述部位的右侧。

(3) 5 号、6 号手工具。使用范围：发动机盖有框架部位的边缘部位、行李箱有框架结构部位的边缘部位且有细小空间。5 号工具用于凹陷部位受力点在上述部位的左侧，6 号工具用于凹陷部位受力点在上述部位的右侧。

(4) 7 号、8 号手工具。使用范围：发动机盖有框架结构的边缘部位、行李箱有框架结构部位的边缘，且有细小空间，凹陷相对于上述部位靠里边。7 号工具用于凹陷部位受力点在上述部位的左侧，8 号工用于凹陷部位受力点在上述部位的右侧。

(5) 9 号、10 号手工具。使用范围：发动机盖有框架结构的边缘部位、行李箱有框架结构部位的边缘，且有细小空间，凹陷相对于 7 号、8 号手工具再靠里边。9 号工具用于凹陷部位受力点在上述部位的左侧。10 号工具用于凹陷部位受力点在上述部位的右侧。

(6) 11 ~14 号手工具。使用范围：发动机盖有框架结构的边缘部位、行李箱有框架结构部位的边缘，且有细小空间，凹陷相对于 9 号、10 号手工具再靠里边。11 号、12 号工具用于凹陷部位受力点在上述部位的左侧，13 号、14 号工具用于凹陷部位受力点在上述部位的右侧。

(7) 15 ~20 号手工具。使用范围：前后叶子板、发动机盖、行李箱盖的边缘部位，其他手工具无法达到。15～17 号工具用于凹陷部位受力点在上述部位的左侧，18～20 号工具用于凹陷部位受力点在上述部位的右侧。

3. 专用工具的作用

（1）从下向上推或利用杠杆原理向上顶。

（2）从侧面用力拧、扭、搓。

（3）从车身缝隙里插入利用杠杆原理顶。

（4）工具的支点应在工具总长的三分之一或三分之二处，否则容易损坏工具或工具无力。

（5）根据凹陷的位置、形状、大小，灵活选择和运用工具。

4. 汽车凹陷修复工具的使用方法

1 号、2 号手工具因自身比较短小，主要修复有框架结构的边缘部位，用途比较广泛。

3～8 号手工具主要用于车体各部的夹层、骨架部位，其内部空间较小较近时使用。用法主要是用杠杆原理，以工具的三分之一或二分之一处为施力点，纵向用力顶压凹陷部位使其恢复平整。无法找到支点时，以横向用力顶压凹陷部位使其逐渐恢复平整。

9～14 号手工具的使用方法与 3～8 号手工具的使用方法基本相同，主要是通过较细孔、缝隙作为力点，修复远距离的凹陷。手工具特征如图 5-5～图 5-12 所示。

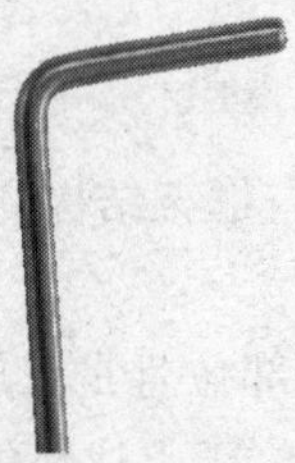

图 5-5　90°圆角手工具

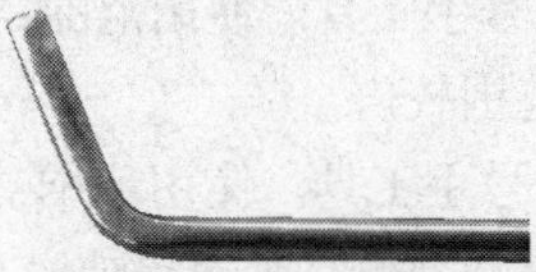

图 5-6　105°半圆手工具

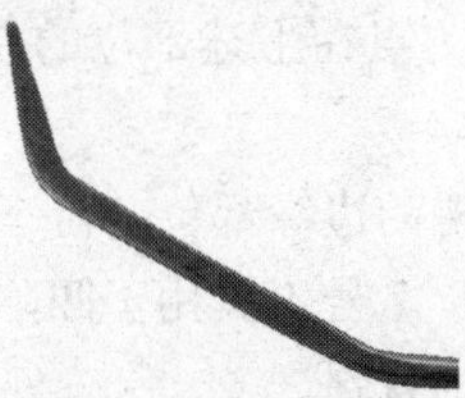

图 5-7　105°尖角手工具

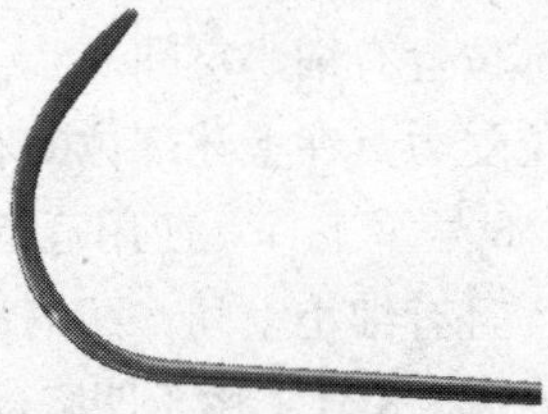

图 5-8　105°圆弧手工具

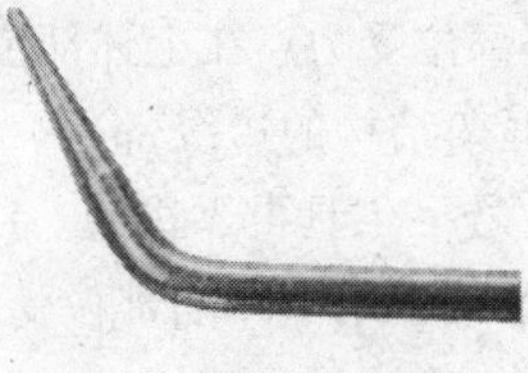

图 5-9　105°锥形手工具

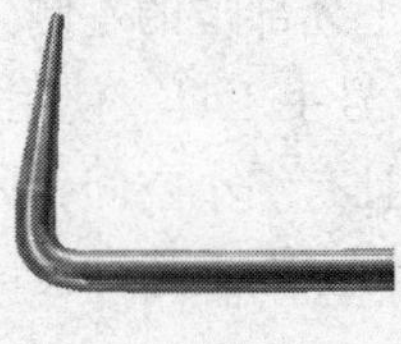

图 5-10　90°锥形手工具

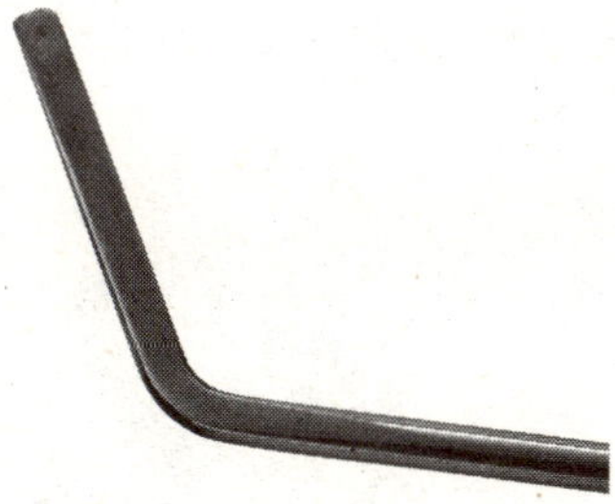

图 5-11　105°扁平手工具

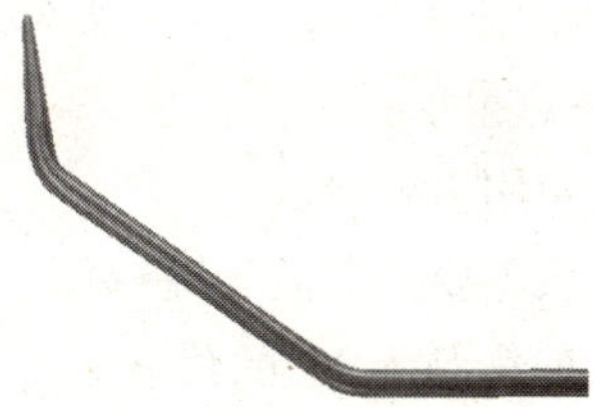

图 5-12　105°长锥手工具

5. 附属工具

（1）凹陷修复专用荧光灯的使用方法。凹陷修复专用荧光灯主要是由可随意移动的三脚架、可伸缩的架身、可任意调节角度的转盘、固定荧光灯的上支架和普通双管荧光灯组成，如图 5-13 所示。因修复过程中灯光的作用占 70%～80%，所以使用过程中一定要正确放置，切不可随意乱放，否则会造成无法确定凹陷的正确位置、凹陷的受力点、工具的施力点等问题，无法进行修复操作，或因用力过大而损伤车漆、工具等。凹陷修复专用灯的荧光灯可选用普通的家用型 22W 或 35W 的荧光灯管，但使用时必须是带有聚光罩的双管荧光灯灯管。灯管可选用白色、黄色、蓝色、红色等，视车漆颜色而定，其原则是要能准确地确定凹陷修复过程中的工作面和所使用工具的力点、力度。

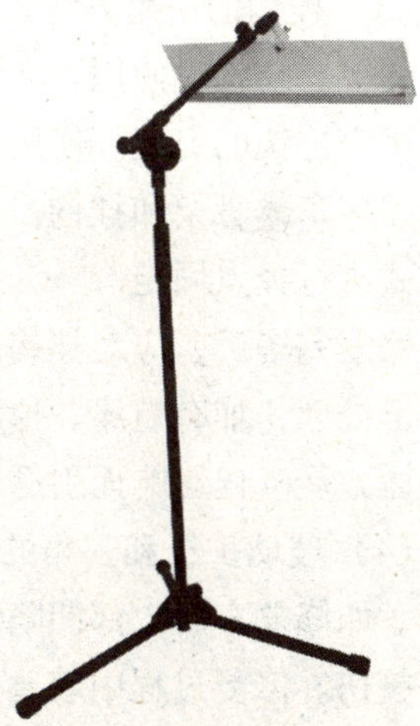

图 5-13　凹陷修复专用荧光灯

在凹陷修复专用荧光灯的使用过程中一定要注意：组装牢固、放置平稳。切不可马虎大意，造成跌倒、摔落或碰伤车漆等意外事故。

凹陷修复专用荧光灯组装牢固后，应注意荧光灯灯管的安装，灯管应靠近需进行修复操作的一面，也就是荧光灯聚光罩的里面。修复过程中为了使荧光灯灯管开启后，在凹陷修复工作面上形成更大面积的折射虚光，以便更准确地确定凹陷的工作面、受力点及工具所到达力点的位置，灯管的放置一定要与修复工作面平行，以确保荧光灯灯光折射到修复工作面虚光的面积。安装荧光灯灯管时，切勿将灯管安装在聚光罩的外面，也就是远离修复工作面的那边。因为在荧光灯灯管启动以后，灯光会经漆面折射到操作者的目光范围内，使操作者很难看清楚漆面上的虚光。因此安装荧光灯灯管时要根据修复要求正确安装。

此外，因为凹陷修复过程中对光的要求比较高，一般应在避光处进行修复。如在室外作业时，应尽量避免将修复的工作面直接面向太阳光的直射，因为太阳光直射到车漆表面的亮度远远超过荧光灯折射到车漆表面的亮度，从而直接影响凹陷修复的质量。

在室外进行作业时，也不可让太阳光直射到荧光灯的聚光罩上。因为太阳光的亮度远大于荧光灯的亮度，如果不加以处理，折射到汽车漆面后，在修复工作面上根本显现不出荧光灯折射到漆面上的虚光，这样就无法进行修复。

（2）整平笔的使用方法。整平笔主要用来整平凹陷修复过程中因用力不均而突起的小凸点或汽车凹陷形成时因内力或铁皮的张力形成的突起。

使用注意事项：

1）开始用力要轻。

2）注意不要把凹陷越锤越深。

3）与车身保持90°的角度。

4）敲打时尽量使凹陷变成半圆形。

5）车身处于受热状态时，容易因为温度过高导致“热胀变形”，所以一定要谨慎小心。

整平笔在使用过程中，如因不小心而引起轻微划痕，可用2000号美容砂纸进行研磨，再用抛光机进行研磨抛光处理，便可消除轻微划痕。

（3）挂钩的使用方法。挂钩在修复如发动机盖、车顶、车门、后叶子板、行李箱盖等部位的单层结构时使用。在确认凹陷部位而工具又无施力点时，应选择车身骨架上孔或缝隙作为固定挂钩的力点。使用过程中一定要将挂钩放置稳妥方可进行修复工作。如马虎大意有可能损坏车体骨架和挂钩。个别车型的骨架上确实没有小孔、缝隙可利用时，也可采用打孔的方式进行择点固定。

修复完毕后，应对挂钩固定点骨架上的孔、缝隙进行检查处理。如有变形，可进行简单的整形处理，如有裂漆、掉漆，可采用点漆的方法进行补漆处理。不可放任不管，以免长时间外露，受气候影响而引起车身锈蚀。

（4）玻璃护板和三角的使用方法。玻璃护板和三角在修复前后车门、车窗玻璃下降时使用。如修复车门上部凹陷时，为了节省拆卸程序，使用玻璃护板可以保护玻璃不被工具划损、挤伤。修复过程中玻璃护板和三角是配合使用。

玻璃护板应放置在从玻璃的上端一直到凹陷所在位置下端100mm左右的位置。放置时可将车窗玻璃降到最低点，沿车窗玻璃外侧插入即可。

三角的使用方法是将三角沿玻璃护板与车窗外侧之间的空隙中插入使用，插入的深度以选用工具能够顺利通过为准。插入三角时切不可猛塞、硬别，要逐渐缓伸。如用力过猛会导致车窗玻璃受损、车门外封条、车窗上端框架变形。三角的放置位置一般是在凹陷部位的垂直正上方，原则是选用工具能够顺利到达所修凹陷部位为准。

注：要把汽车门玻璃降落到最下边。

（5）电钻与开孔器的使用方法。凹陷修复技术所修复的车辆钢板材质比较薄，所以一般要使用功率不大的手携式电钻，所选用的钻头一般直径为4mm和6mm。选用的开孔器直径为14mm，一般能够钻开铝合金便可。在使用手携式电钻时应注意用电安全，开孔过程中，应持稳电钻。使用开孔器是为了节省拆卸工序，以利于工具能够顺利到达修复部位。为了不损伤车身原有结构，要尽量避免使用开孔器。

选择开孔位置时应在不影响车体外观的前提下选择较为隐蔽的部位，而且是离凹陷部位最近的地方，内部不能有障碍物。在斜面开孔时，为了防止钻头打滑，可用钢质较硬的冲子在开孔部位冲点，以利于开孔，开孔过程中不可把孔开在车身正面或影响外观的部位。开孔时一定要把握好力度，一般是先轻后重，缓慢用力，尤其是在内部空间较小的夹层部位，不要用力过猛，防止将外部正面钻伤。凹陷修复完毕后，应对开孔部位点漆处理，并用皮扣加以保护，不可放任不管。

（6）扣起子的使用方法。

扣起子适用种车型内饰扣的拆卸，在使用过程中应注意不要叉伤内饰或损坏内饰扣，用力要均匀，不可猛撬硬掰。

（7）螺钉旋具、扳手、手钳的使用方法。

1）一字槽和十字槽螺钉旋具，用于车顶、内饰、车门上的所有螺钉。

2）各个车型所使用的标准扳手使用方法：呆扳手是最常见的一种扳手，其开口的中心平面和本体中心平面成15°，这样既能适应人手的操作方向，又可降低对操作空间的要求。另一种常见扳手是梅花扳手，其两端是环状的，环的内孔由两个正六边形互相同心错转30°而成。使用时，扳动30°后，即可换位再套，因而适用于狭窄场合下操作。与呆扳手相比，梅花扳手强度高，使用时不易滑脱，但套上、取下不方便。

3）平口钳子、尖嘴钳子、活扳手，用于车身各个部位的标准件。

以上工具在使用过程中应对应标准件使用，切不可混用。如把螺钉旋具当冲子用，把手钳当扳手用，会损伤车体的标准件或损伤工具。

6. 壁纸刀的使用方法

壁纸刀是用来刮去车体双层部位密封蒙胶，以便工具顺利到达。在使用过程中不可用力过猛，应逐渐用力。

7. 塑料球

塑料球用于面积较大的凹陷，用适当工具把塑料球粘在上面。主要作用是增大接触面积，减少修复痕迹。

8. 千斤顶

千斤顶用于各个车身修复后轮毂上方的凹陷。

四、汽车凹陷修复技术

1. 采用钣金喷漆技术

采用普通的钣金喷漆技术修复凹陷部位的直径一般为10～50mm，其基本工序如下。

（1）凹陷部位要利用钣金机械引拉。

（2）除去旧漆膜，脱脂，清扫。

（3）钣金打腻子、打磨。

（4）腻子干燥（天气不好时腻子部分还需加热使之快速干燥）。

（5）对高出部位腻子进行研磨，低凹部位补刮腻子。

（6）脱脂、清扫。

（7）遮盖（用胶带及报纸遮盖住喷漆以外的部分）。

（8）底漆、刮涂、干燥。

（9）打磨、干燥。

（10）研磨有缺陷部分。

（11）脱脂、清扫。

（12）遮盖（用胶带及报纸遮盖住喷漆以外的部分）。

（13）调漆。

（14）喷涂、干燥。

（15）抛光（研磨抛光喷涂部分）。

（16）洗车。

2. 凹陷的结构

汽车凹陷的结构如图 5-14 所示。

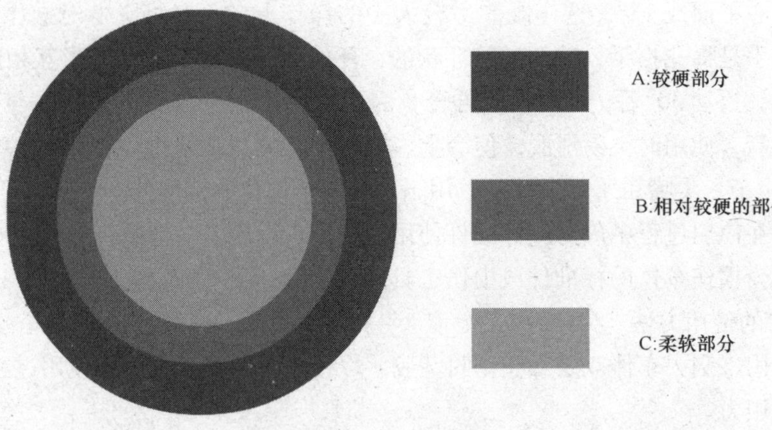

图 5-14　凹陷的结构

铁板（车身上的凹陷）由于外力而延伸，其变形情况如图 5-15 所示。其中，A 部位铁板发生曲折，最坚硬；B 部位铁板发生延伸，相对坚硬；C 部位铁板发生完全延伸，较柔软。

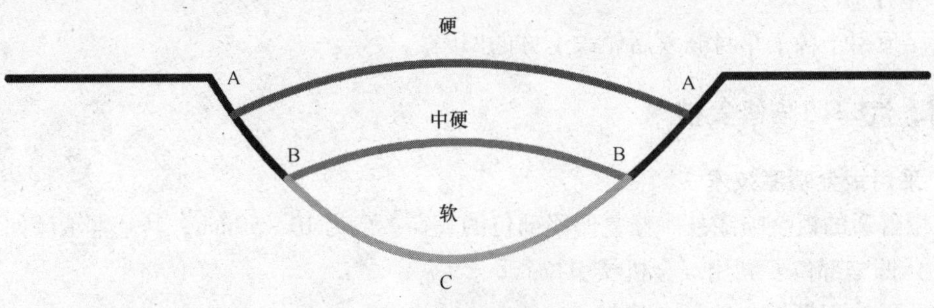

图 5-15　凹陷的变形

对于凹陷来说，A 部位的坚硬部分占 10% ~20%，如图 5-16 所示。把凹陷修复变小时坚硬部位约占 50%，如图 5-17 所示。

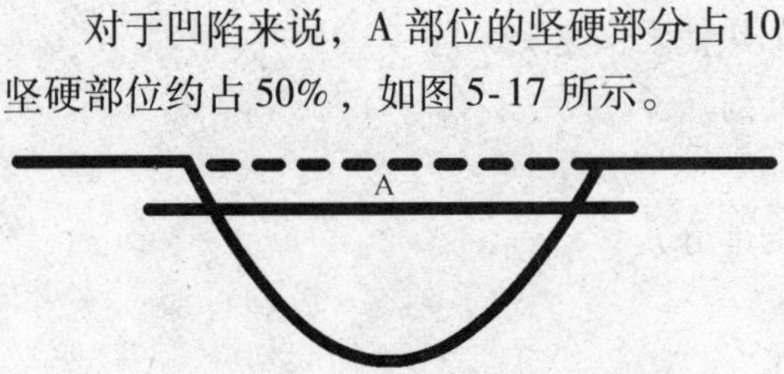

图 5-16　坚硬部分占 10% ~20%

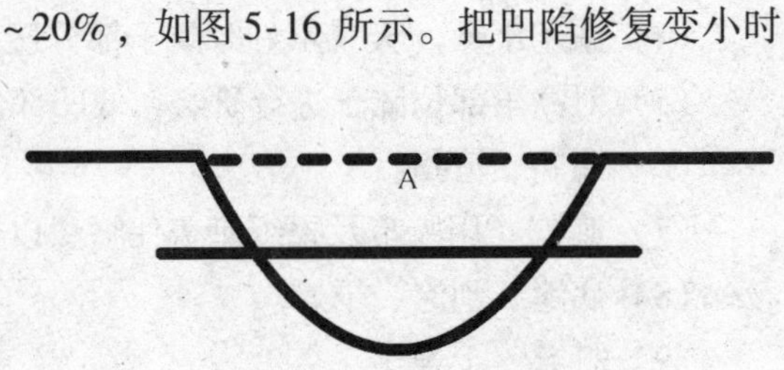

图 5-17　坚硬部位约占 50%

3. 凹陷修复基本工艺

（1）发动机盖、行李箱盖处的凹陷。

使用的工具：推押工具、旋转工具、挤压工具、手工具及其他。

顺序：

① 取下外面的内衬。

② 在双层里时，用手工具和挤压工具。

（2）车顶处的凹陷。

使用的工具：推押工具、旋转工具、挤压工具、手工具及其他。

顺序：

① 取下外面的内衬。

② 在双层里时，用手工具和挤压工具。

（3）左右前翅、轮毂处的凹陷。

使用的工具：推押工具、旋转工具、挤压工具、螺旋工具及其他。

顺序：

① 取下前灯，做好标记。

② 从轮毂挡泥板伸入工具。

（4）后翅、后尾部处的凹陷。

使用的工具：推押工具、旋转工具、挤压工具及其他。

顺序：

① 取下后尾灯。

② 打开行李箱盖侧面的内衬。

（5）前后车门处的凹陷。为了防止划损玻璃，应使用专用的玻璃护板。

使用的工具：推押工具、旋转工具、挤压工具、螺旋工具、车门专用工具、手工具及其他。

顺序：

① 打开窗户。

② 取下车门内衬。

③ 利用流水槽空隙伸入工具。

（6）其他部位的凹陷。

使用的工具：所有工具。

注：利用挂钩修复凹陷时，有时会需要打孔。

4. 汽车凹陷修复操作流程

单层部位的修复，只需一个挂链配合大工具就可完成。双层部位的修复，可通过原始孔、刮去粘连胶或打孔进行修复。其基本流程为：确认凹陷位置→确定修复灯摆放的位置及角度→根据凹陷情况选择适合的工具→确定修复时的支点→大体修复→漆面处理→精确填补→漆面处理→变换角度检验修复直至满意为止。

（1）发动机盖的修复。前发动机盖修复比较简单，可根据情况拆掉隔热层或刮去粘连胶或打孔即可修复，需注意的是打孔的位置要选择在隐蔽部位即可。

（2）前叶子板的修复。前叶子板修复一般是通过卸下前照灯、轮胎上面的挡泥板小侧灯就可修复。也可在前叶子板后端的孔隙进行修复，个别情况允许将前叶子板上部的固定螺钉卸下，再用三角木支撑出空隙进行修复。

（3）车顶的修复。车顶修复时要根据凹陷情况，可全部卸下车顶内饰也可只卸下局部的内饰扣，原则是在工具可到达并且无障碍的情况下就可，尽量减少拆卸。

（4）前车门的修复。前车门修复时一般情况不必拆卸，只需将车玻璃降下就可完成。如果凹陷在加强筋里或在车门下部边缘也许要拆卸车门内饰进行修复，也可通过车门下部的排水孔进行修复。如果在上部的加强筋里可将玻璃外部的防尘条卸下，通过加强筋上的自然孔进行修复。如果没有自然孔需将车门内饰卸下从加强筋下部边缘进行修复。个别车型也需要将车门上部的双层分开进行修复。如果凹陷在车门的前部需将车门拆下在修复架上修复，可通过穿线孔修复。

（5）后车门的修复。后车门修复比较方便，除了通过修复前门时的途径之外，还可通过后门前端的穿线孔进行修复。一般情况下不必将车门整个卸下即可修复。

（6）后叶子板的修复。后叶子板修复时，一般情况只需将后尾灯卸下即可完成，如果凹陷在轮眉边缘时需要将轮胎卸下，在轮胎上面的护板里面开孔进行修复，开孔时一定要把握好开孔器的力度，因为轮眉边缘部位外部钢板与内部钢板距离比较近，不可将外部钢板也打穿。如果凹陷在后叶子板的上部后风窗玻璃两端时，可将后风窗玻璃两边的内饰板卸下通过内饰扣孔进行修复。

（7）行李箱的修复。行李箱的修复和发动机盖的修复基本相同，只是其部位的边角和筋骨比较多，修复时要注意选择工具，力度要适当，必要时要用上修复球。

（8）保险杠的修复。保险杠只有个别车型能修复，其修复方法是先用烤灯加热，再用修复工具修复，然后用凉水冷却即可。需要注意的是加热程度不要伤害车漆，使塑料部分具有可塑性即可。其过程需要反复操作直至满意为止。

凹陷修复过程如图5-18所示。

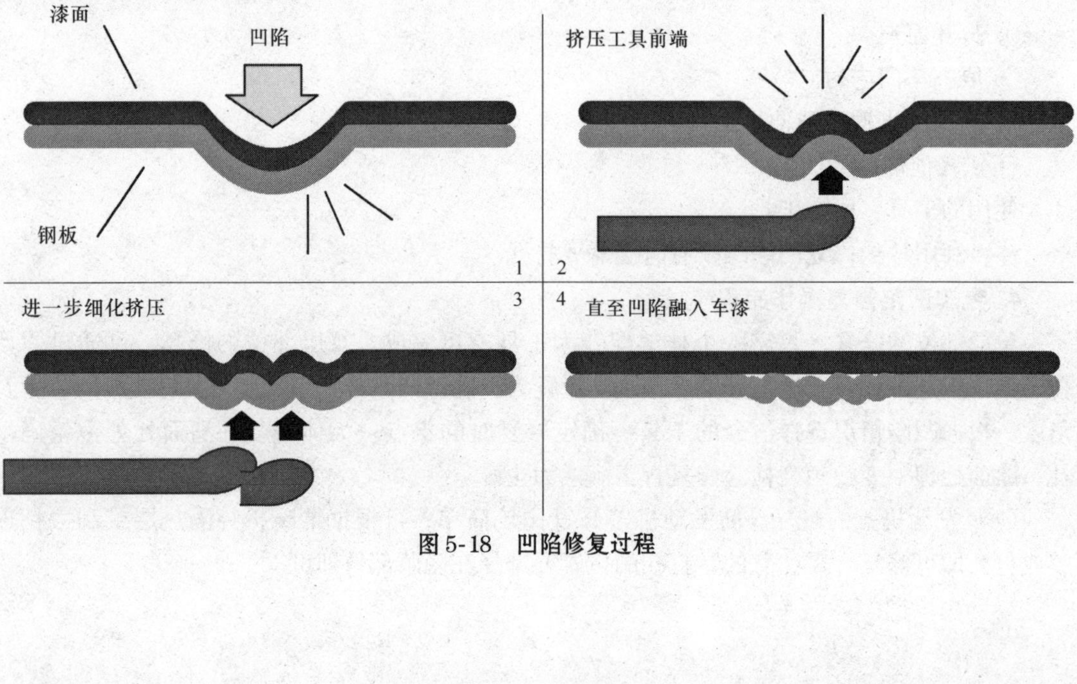

图5-18 凹陷修复过程

5. 钣金喷漆法和凹陷修复法的差异

钣金喷漆法和凹陷修复法的区别见表5-1。

表5-1　钣金喷漆法和凹陷修复法的区别

项目	传统钣金方法	凹陷复原技术
价值	经钣金、抹腻子、喷漆、烤漆和拆卸等多道复杂工序，无法恢复车漆原有状态	采用新技术，简化工序，保持车漆原有状态，关键是使车辆的原有价值得到最大的保留和体现
时间	作业消耗时间长，影响汽车的正常运营	缩短修复时间（修复一个凹陷大约10～90min）
费用	复杂的操作过程及材料的消耗使费用增高	采用新技术降低费用（约传统钣金、喷漆的50%）
效果	经过一段时间后，车漆会产生裂痕与变色	还原后不易变色和褪色
创新	未损伤车漆的凹陷也需复杂的传统钣金工艺来修复	未损伤车漆的凹陷，不需传统的钣金工艺就可100%复原
环保	作业过程中有材料消耗，会造成环保污染	不采用现有工艺，无污染完成作业

思考题：

1. 汽车凹陷修复专用工具由哪三大部分组合而成？

2. 汽车凹陷修复技术是一种对于汽车外型各部位，因外界力量撞击而形成各种凹陷进行修复的国际先进技术，采用的技术原理是哪些？

第六章

纳米镀膜

本章学习目的：

- 了解莲叶效应与纳米技术应用的关系
- 掌握纳米镀膜的施工方法
- 掌握新车开蜡的施工方法

一、莲叶效应概述

1997年，德国植物学家巴斯洛特教授针对莲花叶片不亲水的特性（图6-1），做了一系列的研究。他发现莲叶表面有大小约5～15μm的表皮细胞，在表皮细胞上又覆盖一层直径约100nm的蜡质结晶，这层蜡质结晶本身具有疏水性。当水与这类表面接触时，会因为表面张力而形成水珠，再加上叶面上细微结构的帮助，使水珠与叶面的接触面积变小，而接触角变大。当接触角（接触角是指固体表面与液体之间的夹角 θ）小于90°称为亲水性表面，大于90°称为疏水性表面，若大于140°则称为超疏水性表面，这种表面疏水性更强，同时也会降低污染颗粒对莲叶的附着力。

巴特洛特在显微镜下发现，莲叶的表面有一层茸毛和一些微小的蜡质颗粒，水在这些纳米级的微小颗粒上不会向莲叶表面其他方向蔓延，而是形成一个个球体，就是我们看到莲叶上滚动的雨水或者露珠，这些滚动的水珠会带走叶子表面的灰尘，从而清洁了叶子表面。

图6-1　莲花叶片不亲水性

莲叶效应主要就是指这种莲叶表面具有超疏水以及自洁的特性。由于莲叶具有疏水、不吸水的表面，落在叶面上的雨水会因表面张力的作用形成水珠，换言之，水与叶面的接触角会大于150°（图6-2），只要叶面稍微倾斜，水珠就会滚离叶面。因此，即使经过一场倾盆大雨，莲叶的表面总是能保持干燥。此外，滚动的水珠会顺便把一些灰尘污泥的颗粒一起带走，达到自我洁净的效果，这就是莲叶总是能一尘不染的原因。

莲叶效应描绘了一个很有效的生物模型系统，用它可以来制作人工的防污表面，因为它基于一个纯物理化学的原理。

二、纳米镀膜介绍

纳米产品的概念是从莲叶效应中启发而来的。若蜡的颗粒能够做到纳米级（10^{-9}m），就可以像莲叶表面一样，具有疏水及自我清洁的效果与功能。一般的蜡，本身就具有疏水、不吸收水的特性，落在蜡面的雨水会因表面张力的作用形成水珠，纳米级的蜡更会降低污染颗粒对蜡面的附着力（一般污染颗粒大约 1mm，蜡的颗粒约 10 ~ 100nm），就如同一颗玻璃珠放在针尖上把污染物托着，而纳米蜡也让水珠与漆面的接触角变得更大，只要车身稍微倾斜，水珠就会滚离漆面，顺便把灰尘污泥一起带走达到自我清洁的功效，水珠倾角如图 6-3 所示。纳米镀膜是目前市面上最响亮的汽车美容名词。

图 6-2　水与叶面的接触角

纳米是长度单位，1nm = 10^{-9}m。1 纳米相当于一个金属原子直径的 2 ~ 3 倍，或者是一根头发直径的三万分之一，任何东西只要能做到接近 10^{-9}m 大小就可以称纳米级。纳米结构具有尺寸小、高表面、高体积、高密度堆积等特性，纳米科技运用人类对纳米系统的了解，将原子或分子制作成新的纳米结构，组装成新的材料、组件或系统。很多电子组件做到纳米级时，就可以把东西越做越小；若食品、药品、化妆品做到纳米级，就很容易被人体吸收。而浴室、马桶、洗手台、涂料、汽车蜡、玻璃等，当达到纳米级的时候，就不容易留下灰尘，用水一冲洗就非常干净了。常见一些物质的大小见表 6-1。

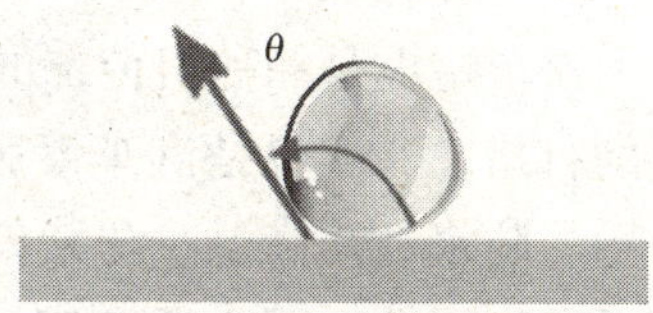

图 6-3　水珠倾角

表 6-1　常见一些物质的大小

名称	沙粒	微生物	细胞	细菌	病毒	高分子	分子	原子
大小	1nm	100μm	10μm	1μm	100nm	10nm	1nm	0.1nm

在现代生活中，有许多的领域需要这种应用，如衣料的外表面、房顶、自动喷漆器等。如果可以使得自清洁功能在这类人造产品上得以实现，可以大大节省清洁的费用，节能环保。

纳米镀膜产品的原理便是来自这种“莲叶效应”。它可以使车身提高 3 ~ 4H 的硬度，使汽车不会被树枝、雨中夹杂的沙粒和不正确的洗车方式而刮伤，蚊蝇尸体滞留于车体表面也变得容易清洗，并且不留痕迹，镀膜还可以使玻璃在下雨时保持清晰不雾化，水会自行凝结成小水珠滑落，车速达到 70km/h 的时候，水珠会自己往上跑开，减少了刮水器的使用次数。

汽车纳米镀膜产品如图 6-4 所示。

纳米镀膜的主要成分是有机溶剂、二氧化硅及蜡。其原理是将二氧化硅及蜡加入有机溶剂中溶解，形成粒径 100nm 以下的胶体，用喷枪将胶体均匀喷或涂抹在汽车车

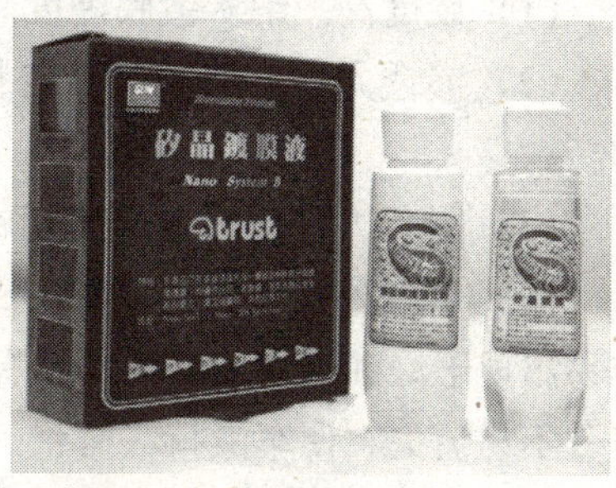

图 6-4　汽车纳米镀膜产品

漆表面，当溶剂挥发后，漆面会长出纳米级的微细绒毛，此种镀膜具备2H以上的高硬度，不怕磨损及刮伤。此外，纳米镀膜疏水性极佳，雨水不易粘附且会形成水珠状将车漆表面的灰尘带走，去除污染物就变得容易。纳米蜡（莲花蜡）、纳米镀膜这类产品，比一般美容蜡的疏水性及自洁性好。

三、纳米镀膜的特点

汽车美容里说的镀膜，依目前市面上出现的种类，主要有以下三类：

1. 玻璃纤维素镀膜

玻璃纤维素是一种化学高分子材料，因为具有高密度的化学特性，所以被应用在汽车美容领域。玻璃纤维素镀膜，具有光泽度高、抗氧化、耐酸碱、抗紫外线的特点，用来给漆面镀膜后，漆面光泽度很好，并把漆面与外界隔绝开来，起到了较好的保护作用。其缺点是，不能提高漆面硬度，不能抵御物理性损伤。

2. 汽车蜡膜

汽车蜡也是一种很传统的漆面养护产品，它的主要成分是天然蜡、硅、油脂等。通常说的打蜡，其实也是汽车镀膜的一种，目的也是在漆面附着一层蜡膜，起到隔绝外界的作用，防水、防高温、防紫外线、防酸碱、上光等。蜡膜的优点是，成本低廉、上光效果显著，因此，至今还被广泛地应用。但其缺点也显而易见，保持时间短；再有一个人为的缺陷是，现在劣质的石油制品蜡很多，加入的天然蜡成分少，也就使蜡的镀膜性能大打折扣。

3. 无机纳米镀膜

这是近几年出现的镀膜新材料，它采用进口原料和先进的纳米交联反应新技术，由纳米无机材料配制而成，纳米材料独有的特性能给车漆提供完美的保护。它的主要成分为纳米氧化铝、纳米氧化硅。纳米级别的粒子为球形，润滑性极高，因此施工后漆面手感极其润滑。而氧化铝、氧化硅是天然宝石、水晶的主要成分，因此膜层的硬度、耐磨性极高，而且本身非常稳定，不易氧化，能长效保持漆面的镜面效果。该镀膜最大的特点就是不但能隔绝漆面与外界的直接接触，起到防氧化、防水、防高温、防紫外线、防静电、防酸碱等基本作用，还能大大提升漆面的硬度和光泽度，在正常的使用中，诸如洗车、行驶的时候也能有效地防止坚硬的沙粒对漆面的划伤，有效减少漆面螺旋纹（又称太阳纹）等，使车漆持久如新。纳米镀膜主要有以下特点：

（1）硬度高。纳米镀膜硬度高，能在车漆上形成坚固的保护层，令车漆不易被划伤。

（2）渗透力强。纳米镀膜能非常容易融入车漆，有助于清除车漆上脏污，令车漆光洁如新。

（3）附着力较强。纳米镀膜层非常坚固，很难被洗掉，因此而起到长效保护车漆作用。

（4）防紫外线较强。一般的蜡膜在紫外线照射下，蜡的养分流失得比较快，使车漆很容易出现干燥和光泽度降低的情况；而纳米镀膜特有的防紫外线成分，能持久保护车漆里的养分不易流失，使车漆持久鲜艳、明亮。

（5）立体感明显。一般蜡膜的光亮度和鲜艳度是无法和纳米镀膜相比的。车漆使用一般的蜡膜，看上去只是比较光亮，而使用纳米镀膜后，不但能使车漆光亮、鲜艳，而且立体感明显，车漆看上去耀眼夺目。

（6）疏水自洁。纳米镀膜具有超强的疏水性、耐候性，能够防酸雨、防油污、防锈蚀、防风蚀、防辐射、防静电和各类细菌侵蚀，且不易氧化、不易褪色、抗高温（可达燃点）。矽晶镀膜液如图6-5所示。

（7）易清洁维护保养。纳米镀膜产品具有超强的疏水、自洁功能，易清洗保养，各种灰尘和各类污物直接使用清水（不加任何洗涤剂）冲洗后，车体表面就可恢复和保持晶莹透亮，即使物体表面粘有油污或飞虫浆液，也只需用湿毛巾直接擦试物体表面就可去除，可节省50%以上的洗车量。

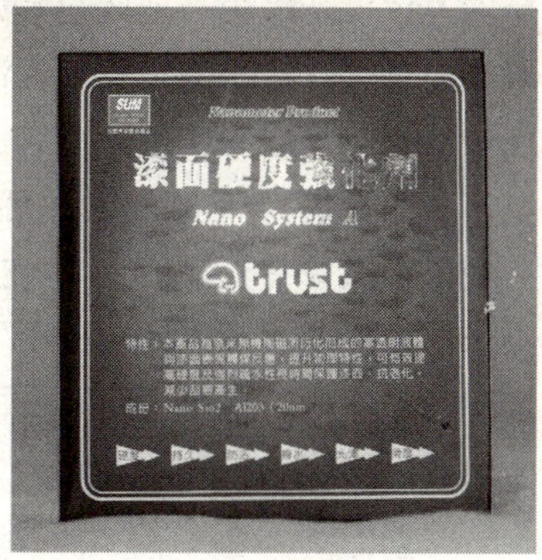

图6-5 矽晶镀膜液

四、纳米镀膜的施工方法

新车作纳米镀膜是最经济，也是最能够显现车辆最佳状态的保养，因为新车几乎没有划痕。以下是新车纳米镀膜的步骤。

1. 未脱蜡新车

（1）脱蜡洗车。若要重新打蜡上光，就必须除去车身上原有的残蜡、油污、污垢等。它适用于打新蜡洗车、季度护理洗车、修复护理洗车和新车开蜡洗车。

（2）不脱蜡洗车。只是日常的洗车养护，不除原蜡。它适用于手工日常洗车、水蜡增光洗车、高压洗车和电脑自动洗车。

观察是否有划痕，依前述的流程工序，去除划痕，然后抛光，漆面打上莲花蜡（气动上蜡或手工打蜡），选择细纤维蜡布下蜡，再利用喷枪均匀地把纳米溶解剂喷洒在漆面上，大约等待20~30min后，观察漆面，会发现有白色细绒毛状的结晶体产生。接着使用细纤维蜡布下蜡，即完成纳米镀膜。

2. 一年以上车辆

在纳米镀膜前，依照美容工序流程进行：

（1）洗车：必须彻底去除漆面污染物，如油漆、水泥等。

（2）研磨处理：视车况及每一区域的情况确定是否需要研磨，以去除划痕，整平漆面，如桔皮、垂流等。

（3）抛光处理：填补细微缝隙，达到镜面增光的目的，使漆面更加平滑亮丽。

（4）上保护剂：也可以上棕榈蜡做一层保护膜，接着再上纳米莲花蜡。再以细纤维蜡布下蜡。最后再喷上纳米疏水镀膜，20~30min，待漆面长出白色细绒毛状结晶体后再以细纤维蜡布做下蜡的动作，完成纳米镀膜。

注：在镀膜完成后的一两个月内一定要再喷上一层喷蜡或上一次莲花蜡，才能保持疏水效果。另外施工人员在施工当中一定要戴上N95防护口罩甚至防护眼镜，以建立良好的工作卫生习惯。

3. 新车开蜡

（1）新车开蜡的原因。汽车生产厂家在新车下线时，都要在车身表面涂上一层保护蜡，以免在停放、运输中受到风吹雨淋、烈日曝晒、烟雾、酸雨及有害物质对车身漆面的侵蚀。一般需经过远洋运输的车辆，都涂有油脂蜡，以防海风侵蚀；不需海运的车辆，涂树脂蜡作为保护层。但在新车交付使用后，必须把这层下线保护蜡除掉，重新上蜡，因为下线保护蜡影响车身漆面的光泽度。下线保护蜡一般属低档次车蜡，透明度和光泽度差，加之覆盖较厚，使得车漆原有光泽的80%被遮住。因此，必须除掉这层保护蜡，重新打蜡，以恢复车漆本来的光泽度和透明度。由于下线保护蜡中的油分较多，粘附灰尘的能力强，在汽车运行过程中，尘埃极易附着于车身表面，而且不清除下线保护蜡，也给日常清洗带来麻烦，粘附的尘土难以清除。

（2）选择开蜡水。开蜡水是新车开蜡的重要用品，选择开蜡水时要考虑两个问题：一是开蜡水对车蜡具有很强的溶解和去污能力，一般在3～5min或7～8min内能完全溶解开蜡层；二是所使用的开蜡水不能对车漆、塑料、橡胶件等有腐蚀。此外，不同的蜡应采用不同开蜡水，油脂蜡用油脂开蜡水，树脂蜡用树脂脱蜡水，常用的开蜡水有英特使H. D. D强力开蜡水、冈底斯汽车除蜡护理液等。

（3）新车开蜡步骤

1）使用清洗机冲洗车身表面的尘埃及其附着物。

2）将选择好的开蜡水按说明书中的比例混合，然后装入手动或电动喷雾器中。确保每个部位都被溶液覆盖。等待6～7min（以说明书为准），使开蜡水完全渗透、溶解车蜡层。

3）用喷雾器从车辆底部自下而上喷涂开蜡液。

4）用棉布或无纺布擦拭车身表面，并用棕榈刷洗缝口、裙边及轮胎等处，彻底除净开蜡溶液。

5）用清洗机冲洗表面，然后用洗车液清洁车身，擦干后即可进行下道工序。

思考题：

1. 纳米镀膜是否可使车身漆面产生3～4H硬度？
2. 纳米镀膜是否可使车身漆面产生疏水性？

第七章 汽车美容施工安全防护

本章学习目的：

- 深度理解施工安全防护的重要性
- 了解各类汽车美容产品对身体的危害
- 掌握汽车修护美容施工中的防护技巧

一、施工安全防护的重要性

环境危害因素对于身体的伤害不一定会立即呈现出来，所以人们就容易产生疏忽、怠惰的心态，然而对身体的危害正一点一滴、日积月累的形成，直到身体无法负荷时，人们才知道失去健康的重要性，但为时已晚。

汽车美容是一种专业性很强的工作，而工作者经常会接触到化学药剂、清洁剂及挥发性的有机溶剂的机会。此外，包括各种粉尘、蜡粉，甚至现代的纳米产品等都是工作者所必须防护的，以保护自己的身体健康。但是对这些了解及重视的人并不多，因为人们只知道这一瓶可以清洁柏油，那一瓶可以去除铁屑，还有这瓶对玻璃的油污很有效果，从业人员只知道药剂的用途，却不知道药剂的成分及危害性。

不同汽车美容商家的美容产品，有不同的产品配方，而且不断地推陈出新。但只要对不同产品的特性、作用原理及危害性有基本的了解，建立良好的工作卫生习惯，就可以避免、消除工作环境所产生的危害因素，保护工作者身体健康。

空气污染物大致上可分为颗粒形状和气体状，而这两大类型都普遍存在于汽车美容工作场所中，只是接触污染物的项目有所不同而已。颗粒状污染物又叫做粉尘，浓度以 $\mu g/m^3$ 表示，颗粒大小以粒径区分（10μm 以下的称为悬浮颗粒）。粉尘的种类很多，如有机类或无机类、石棉、金属颗粒（像铅）等，其中石棉能导致肺癌，铅会造成贫血、神经系统等问题。

专家们指出，6μm 以下的粉尘容易被吸入呼吸系统，如气管、支气管、肺泡等，更可怕的是这些粉尘很有可能吸附一些致癌或有毒的气体，对身体造成更大的伤害。另外，汽车美容工作场所中也常会接触到许多气体污染物，它们大多数都是挥发性的有机物质，常温下多以液体存在，具有很大的挥发性，如氮氢化合物、溶剂、脱脂清洁剂、强酸及强碱类清洁剂等。

这些气体污染物对人体的伤害很大，最主要的影响在于破坏粘膜组织或器官（如眼睛、皮肤、呼吸系统），所以会导致眼睛刺痛、咳嗽、气管及支气管发炎、气喘、肺炎，甚至形成肺癌。在汽车美容工作场所中较有可能接触到的污染物如下：

1. 汽车蜡

汽车蜡主要成分为碳氢化合物及少量的氧元素，不易被水分解，其熔点一般均在50℃左右。蜡是一种石油化学产物，它的分子量较大，对人体伤害较小，但是皮肤直接接触或打蜡时也会吸入少量的蜡或蜡粉，长期的吸入对人体健康也是一种威胁。

2. 清洁剂

清洁剂是分子一端含有亲油基（长链脂肪油）、另一端含有亲水基（钠、钾、铵、乙醇胺等）且可以分散或溶解在水中的化合物之总称。它能让两个分离或不同的相键彼此产生互溶的媒介物。洗车时一定会接触到清洁剂，它不仅可以去除车上油污，还会带走皮肤上的油脂，手部经常接触清洁剂会有干燥及发紧的现象，进而损伤皮肤。

3. 强酸性、强碱性的清洁剂

此类清洁剂多以水做溶剂，用于清除钢质轮毂或铝合金轮毂上积累的污染物，如铁屑、铝屑等金属氧化物。如果轮毂的温度很高时，不要马上喷上此类清洁剂（容易产生有毒的气体）或直接用洗车机冲轮毂，否则制动盘易变形（热胀冷缩原理），同时容易形成强酸或碱蒸气对人体造成有很大的伤害，包括对眼睛和皮肤的化学性腐蚀，鼻、咽、喉等呼吸道的刺激，因此要特别注意防护。

4. 脂类清洁剂

用于清除发动机上的重油污，它的特性为容易燃烧，使用时必须远离火源。它在高温环境下易形成蒸气，造成眼睛、皮肤的接触及吸入呼吸道，引发刺激性的反应，过量吸入会造成身体的伤害及病变。

5. 氢氟酸

氢氟酸俗称蚀骨水，是一种能侵蚀钙的化合物。一般当作水泥消除剂，以清除附着在车身上的水泥，若长期吸入其蒸气或皮肤接触会形成较难愈合的溃疡。

6. 甲醇

酒精（乙醇）是最常用来作消毒杀菌剂或者作为汽车芳香剂中的溶剂用途。它本身无毒性，但有些不良厂商为降低成本，用工业酒精来代替乙醇。工业酒精含有与乙醇成分不同的甲醇，它无色无味，但有毒性，容易造成咳嗽、头痛、昏眩、视神经伤害等问题。所以在购买时必须选择知名品牌的汽车芳香剂较有保障。

7. 臭氧

臭氧具有很强的杀菌效果，有研究表明臭氧可在5min内杀死99%以上的细菌繁殖体；同时臭氧也起到除臭的功能。臭氧浓度低时对人体是无害的，但浓度太高会对人体有不良影响，如果人长时间暴露于臭氧量$1\sim2\times10^{-6}$浓度（质量分数，后同）时会有喉咙不适的感觉，$5\sim10\times10^{-6}$时会产生头痛头晕的感觉。

所以在臭氧作用时，工作场所应该保持通风或空调循环的环境，使用高浓度大型臭氧机做室内杀菌、除臭时，人员必须离开车内，以免产生臭氧中毒现象。

8. 有机溶剂

有机溶剂包括甲醛、苯、甲苯、醇类等挥发性气体，会刺激眼睛、皮肤、粘膜组织、呼吸道、肺等组织和器官。一般塑化制品，如座椅、椅套、脚垫、仪表板、内饰配件等在制造过程中都会加入阻燃剂、定型剂、防腐剂、胶粘剂等化学物质，然而这些物质都含有挥发性高的有机溶剂。

一般挥发性有机溶剂有6个月的释放期，因此在新车期间，应该尽可能打开门窗，让这些有机溶剂得以为释放出，让车内室空气尽快恢复清新。尤其在开车前应该把空调风量开到最大以冲淡异味，减少对人体的伤害。

9. 一氧化碳

一氧化碳是一种无色、无味、无臭的气体，一般是汽油燃烧不完全的产物。一氧化碳和红细胞中的血红素结合能力是氧气的200倍以上，因此吸入过多的一氧化碳会造成血液无法输送氧气，使人缺氧窒息而死亡。通常在密闭车库或空气不流通的场所若长时间发动车辆，都容易发生因废气排放产生一氧化碳中毒的情形。

10. 二氧化碳

室内二氧化碳浓度超过800×10^{-6}，人们就会感到不舒服、脸红、疲倦、想打瞌睡或头痛，超过1000×10^{-6}，会影响呼吸、循环系统，出现大脑机能迟缓等现象。

此外，二氧化碳与部分空气污染物含量成正比。一般室内二氧化碳浓度增加，表示环境已受污染，且二氧化碳有催化污染物扩散的效应。虽然一氧化碳（CO）与二氧化碳（CO_2）浓度不一定与汽车美容施工有太大的关联性，但工作者在作业时仍需注意，以防意外情况。

11. 纳米颗粒

纳米材料非常细微，很容易在施工时进入人体与环境，在施工时必须做好防护措施。

12. 甲苯

甲苯是一种无色并且带特殊芳香味易挥发的液体，它的特质与苯相似，目前用来替代有相当毒性的苯作为有机溶剂使用。它主要应用于金属脱脂、塑胶脱脂等方面。甲苯本身对人体有轻微的伤害，但工业用甲苯中经常掺加少量苯。

不同的有害物质进入人体有不同的途径。一般而言，环境危害因素进入人体的途径主要还是吸入、食入、皮肤接触三种方式。

二、安全防护用品使用与注意事项

需要佩戴防护用品的人员在使用防护用品前，应认真阅读产品安全使用说明书，确认其使用范围、有效期限等内容，熟悉其使用、维护和保养方法，发现防护用品有受损或超过有效期限等情况，绝不能冒险使用。

1. 个人安全防护用品

个人安全防护用品指为防止一种或多种有害因素对自身的直接危害所穿用或佩戴的器具的总称。个人安全防护用品的正确使用，可以保证员工避免生产过程中产生的危害因素直接危及个人安全。

（1）防护服。防护服分特殊作业防护服和一般作业防护服，其应能有效地保护作业人员，但不会对工作场所、操作对象产生不良影响。

1）棉布工作服：用天然植物纤维织物如纯棉白帆布、纯麻白帆布制作，厚约0.6mm，具有隔热、易弹掉飞溅火星及熔融物、耐磨、扯断强度大、透气等特点。

2）胶布雨衣：防雨，适用于雨天露天作业。

3）防机械外伤和脏污工作服：这类工作服用量大，适于预防运送材料及使用工具时可能发生的机械伤害，或防止脏物污染。衣服面料要求耐磨并具有一定强度。

（2）工作帽。工作帽用于保护劳动者头部，以消除或减轻坠落物、硬质物件的撞击和挤压伤害，还可以防止劳动者头发过长或掉落，对操作施工产生影响，是生产中广泛使用的个人安全用品。

（3）眼部、面部防护用品。眼部、面部防护用品是指用于防止辐射、烟雾、化学物质、金属火花、飞屑和尘粒等伤害眼、面、颈的可观察外界的防护具。

1）防护眼镜：用来保护眼部，防止飞屑、尘粒、化学物质等伤害眼部。防护眼镜的质量一定要好，否则眼镜受到冲击损坏，会对眼睛造成更为严重的二次伤害。

2）防护口罩：防止将烟雾、化学物质、有毒气体吸入肺部。它有防尘口罩和防毒面具之分。烟尘严重的环境佩戴防尘口罩（图7-1），有溶剂挥发的环境佩戴防毒面具。

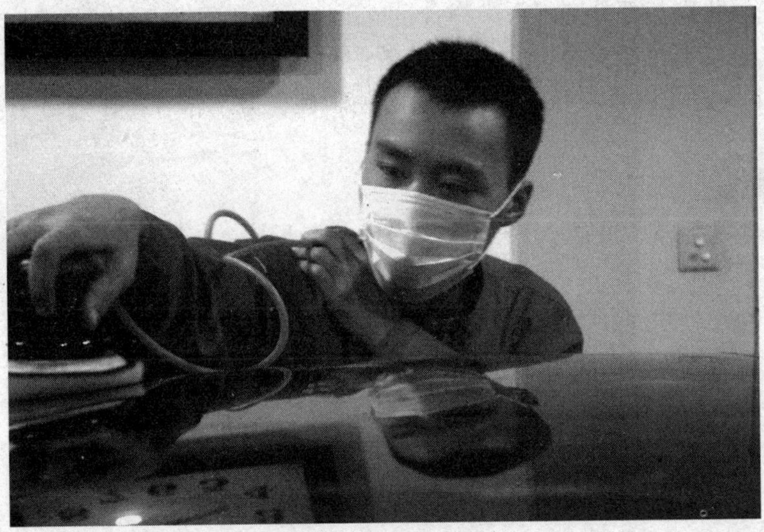

图7-1　戴防尘口罩

3）防护面罩：保护面部，防止辐射、火花等对面部和颈部的伤害。在进行焊接操作时必须佩戴防护面罩。

（4）手、足部的防护用品。手、足部的防护用品是指劳动者根据作业环境中的有害因素，为防止各种手、足部伤害事故，而戴用的特制手套和特制的鞋。

1）防护手套：防止手部伤害。有皮手套、线手套、防水手套、耐溶剂手套等。但要注意，使用台钻、卷扬机等设备工作时，是严禁戴手套操作的。

2）安全鞋：保护脚部。安全鞋的性能有防滑、绝缘、防砸、耐溶剂、防水、抗高压等。根据工作环境的不同，安全鞋只具备其中的某几种功能，选择时要仔细辨认。

（5）耳部防护。耳塞、耳罩：在噪声较大的工作环境下使用，保护听力。

2. 汽车美容行业常用防护用品

汽车美容行业经常接触的是水、各种清洗液和各种用电设备。基本的防护用品一定要准备齐全，如防水鞋、防水手套等就是必不可少的。同时还要有规范的工作服，并要求工作服上不能有尖锐的饰物，防止刮坏车身涂层。进行底盘装甲操作时会有胶粒喷出，所以要佩戴防护眼镜和防护口罩等。

3. 车间作业安全守则

新进员工须先行职前说明工作环境与安全注意事项再行分派工作；新进员工作业前须进行临场安全教育、环境熟悉两个小时以上再行上岗；新进员工作业分配、操作前须做好完整的技术、安全教导再行上岗。

（1）工作前必须穿戴好安全防护用品，不准穿拖鞋、裙衣或赤脚进行作业。

（2）特种作业人员须持证上岗，不准非特种操作人员乱动机械、电器设备。

（3）在工作车间不得打闹、斗殴、吵架等。

（4）不准酒后上班和工作时饮酒，严禁在车间内吸烟。

（5）不准违章作业和野蛮操作。

（6）加强对易燃物品的管理，不得随意乱放。

（7）作业结束后要及时清除场地油污等杂物，并将设备工具整齐安放在指定位置，以保持施工场地整齐清洁。

（8）在车间、油库、材料间等处应配备充足的灭火器材，并加强维护，使之保持良好技术状态，所有员工应会正确使用灭火器材。

4. 安全生产

安全生产是指企事业单位在劳动生产过程中的人身安全、设备和产品安全、交通运输安全以及防护措施，确保从业人员的人身安全，保证生产经营活动得以顺利进行的相关活动。

（1）安全用电。安全用电是企业经营管理的基本原则之一，没有掌握安全用电的知识，违反用电操作规程，不仅会造成停电、停产、损坏设备和引起火灾，而且容易发生触电事故，危及生命。安全用电，避免各种用电事故的发生是非常重要的。

1）触电对人体的伤害。触电是指电流以人体为通路，使身体的一部分或全部受到电的刺激或伤害。

2）触电可分为电击和电伤两种。电击是指电流通过人体，造成人体内部器官伤害；电伤是指电流对人体外部造成的局部伤害，如电弧烧伤、电灼伤等。

3）电流是触电伤害的直接因素。通过人体的电流越大，致命的危险也就越大。当流过交流 1mA 或直流 5mA 电流时，人体就会有麻、刺、痛的感觉，使人不舒服；当流过交流 20～50mA 或直流 80mA 电流时，人体就会产生麻痹、痉挛、刺痛的感觉，随之血压升高，呼吸困难，如果自己不能摆脱电源就有生命危险；当流过 100mA 的交流电流时，人体就会呼吸困难，心脏停搏。

（2）设备的安全使用。设备的使用是生产安全里面很重要的一项内容，有很多的工伤事故都是由于违规操作设备造成的。使用设备一定要严格按照使用说明书的要求去操作，尤其是新的设备，使用前一定要将它的性能了解透彻。在汽车美容中经常使用的设备大部分都是电动工具，对于这些设备的使用要遵循安全操作注意事项。

（3）电动工具操作注意事项。电动工具因其便利的使用条件及可适应操作环境广泛，一直被广大用户所认可，但是电动工具毕竟是要接触到电的，使用及操作不当极其容易产生危险。电动工具的安全操作规范和相关注意事项如下：

1）工作场所应该清洁无杂物，杂乱无章的工作环境会导致意外事故的发生。

2）不要在易燃易爆的场所使用电动工具，在潮湿的场所使用时要做好电路的绝缘。

3）与作业无关的人员不要靠近工作场所，尤其是幼童。

4）工作时衣服穿戴要合适，不要让松散的衣角或长链首饰卷入电动工具的转动部分。长发者应戴工作帽，把头发拢住。

5）绝大多数的电动工具作业时，均需戴防护眼镜。进行粉尘飞扬的切削作业时，需戴防尘面罩。

6）不要拿电线提起电动工具，也不要强行拉扯电线从电源插座拔除插头。要保证电线与热源和油液隔开，并避免与锐利的边缘接触。

7）不使用时、维修以前以及更换附件之前，一定要拔下电源插头。

8）谨防误开动。插头一插上电源插座，手指就不可随便接触电源开关。插接电源之前，要确定开关是否切断。

9）保持高度警觉，密切注意所进行的作业，注意力集中。疲惫时不要使用电动工具。

10）工具应妥善维护，保持工作部位清洁，以达到更好、更安全的使用效能。应按规定加注润滑脂并更换附件。线缆应定期检查，如发现破损应立即修复。手柄要保持干燥，并防止粘附油脂类的脏污。

11）不使用的电动工具要妥善保存，保持存放地点干燥并加锁保管。不同的设备和工具，不同的使用和保养方法。

三、清洗、护理作业安全操作规则

汽车表面清洗、护理中所使用的清洗剂多数都带有一定的毒性和腐蚀性，施工现场有水、电、气等，都有一定的危险性。为确保施工安全，人员和设备无损伤，施工人员必须遵守以下安全施工规则：

1. 重视安全工作

施工人员必须从思想上重视安全工作，以高度的责任感和严肃的态度认真施工。施工中要树立安全第一、客户至上、精心服务的观念，严格遵守操作规程，杜绝事故的发生。

2. 熟悉施工环境

施工人员必须熟悉施工现场及周围环境，了解水、电、气开关的位置及救护器材的位置，以备应急之用。

3. 熟悉施工安全技术

施工人员必须熟悉施工安全技术，如清洗剂的使用方法和急救方法。

4. 注意用电安全

地线必须搭铁，防止漏电，使用电器时要严防触电，不要用湿手和湿物接触开关。施工结束后，要及时把电源切断。

5. 使用防护器具

现场施工人员直接接触酸、碱液时，应穿工作服、胶靴，戴防腐蚀手套，必要时应戴防毒口罩。

6. 严禁烟火

清洗、护理作业现场必须整洁有序，严禁烟火。

7. 确保施工安全

清洗、护理现场应有消防设备、管路，要有充足的水源和电源，确保施工安全需要。

8. 定时维护设备

清洗、护理设备在使用前应进行试运转，使用后应用清水冲净。应按要求维护，如有故障应及时排除并妥善保管。

9. 注重环保

施工中排放的清洗废液应符合排放要求，不许随地乱排放。

10. 总结施工安全经验

施工安全工作要有专人负责，定期检查，并不断总结安全施工的经验，确保安全施工。

四、设备安全操作规程

1. 电动、气动工具安全操作规程

电动机具的操作开关应置于操作人员伸手可及的部位。当休息、下班或工作中突然停电时，应切断电源侧开关。在安装、拆除、调整任何工具配件或保养工具时，要将气动工具与压缩空气管解开，并且将空气给关掉。

（1）操作人员应熟悉所使用的工具。使用前应检查各零部件是否安装牢固，各紧固件连接是否牢靠，电缆及插头有无损坏、开关是否灵活及观察内部有无杂物。

（2）使用前应该检查所用电压是否符合规定，电源应尽量使用220V，如电源电压为380V时应检查搭铁是否良好，并注意地线标记。

（3）使用电动工具操作时，应检查是否搭铁，电线要有胶管保护。

（4）经检查后可接通电源空运转，检查声音是否正常。

（5）使用中如发现有大火花、异响、过热、冒烟或转速不足等现象，应停止使用，修复后再继续使用。

（6）各电器元件应保持清洁，接触良好。轴承及高速箱内的润滑油每半年更换一次。

（7）工具不用时应存放在干燥处，以防受潮与锈蚀。

（8）使用气动工具时必须防止由于连接不牢而造成空气损失和人身事故。

（9）工具在转动中不得随处放置，需要放置时应关机，停稳后再放下。

（10）使用或保养气动工具时，要戴安全护目镜或护面罩（图 7-2）及耳罩。

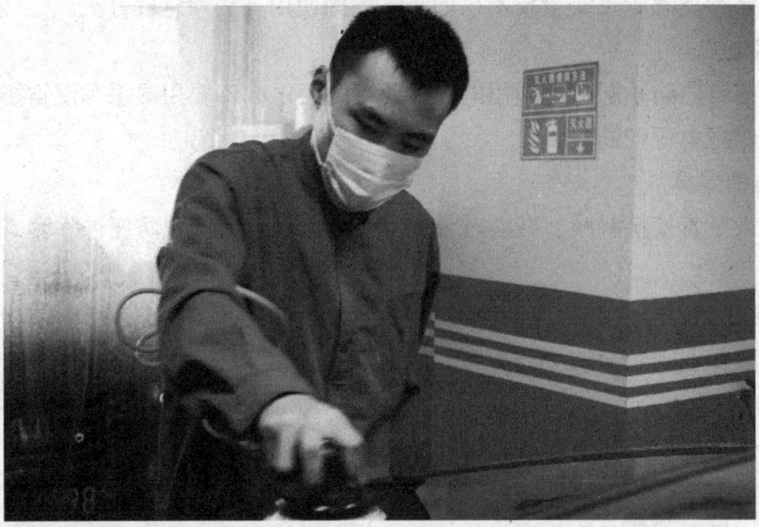

图 7-2　护面罩

2. 空气压缩机安全操作规程

操作人员必须熟悉空气压缩机的结构、性能、工作原理，并熟练掌握该机的操作规程。

（1）空气压缩机应设专人开动和管理。

（2）开动前认真检查空气压缩机、电动机和电气控制部分是否良好，一切正常无误后，开动运转片刻，再正式使用。

（3）气泵要按规定顺序启动，设备运转时要认真注意运转状况，观察气压表读数，发现异常现象要及时排除，再正式使用。

（4）在工作中严禁工作人员和其他人闲谈或随意离开机房，必要时应停机后再走，以防事故发生。

（5）任何人不经操作者同意，不准开动机器。

3. 涂装车间通风机安全操作规程

工作前应及时起动风机排风，启动前应检查风机有无故障，扇叶有无摩擦现象，电源线是否有破损，防止电机打火引起火灾。工作结束时，先停止喷漆，后关风机。风机安全操作规程如下：

（1）风机设备必须由专人负责开动和管理，其他人不得随意开动。

（2）操作人员在起动风机前必须检查电气设备正常后再启动。

（3）操作人员必须每天清除电机及输气管道内的灰尘和污垢，以防通道堵塞。

（4）风机在运转过程中如果发现不正常现象应立即停机，将故障排除后再工作。

4. 照明装置安全操作规程

照明线路不得拴在金属脚手架、龙门架上，严禁在地面上乱拉、乱拖。灯具需要安装在金属脚手架、龙门架上时，线路和灯具必须用绝缘物与其隔离开，且距离工作面高度在 3m 以上。控制闸刀应配有熔断器和防雨措施。安全操作规程如下：

（1）施工场地的照明设备应有防爆装置。

（2）涂料仓库照明开关应设在库外。

（3）各种电气开关均应为密封式，并操作方便。

（4）如果使用手灯，必须使用36V安全电压。

5. 防火安全意识与注意事项

发生火灾绝大多数都是人为造成的，在汽车美容尤其是涂装施工中，涂料和溶剂均属易燃易爆物品。涂料本身遇明火会发生火灾，而施工中挥发的溶剂蒸气遇空气混合达到一定浓度，一旦遇到明火也会发生爆炸。

（1）火灾和爆炸的重要原因。根据统计资料，涂装施工场所发生火灾和爆炸事故的主要原因有以下几个方面：

1）施工现场不具备安全防火的条件，没有通风排气设备，挥发的溶剂不能及时排出而使溶剂蒸气达到一定浓度，遇明火即起火发生爆炸。

2）电器设备达不到防爆等级，照明灯、电动机、电器开关没有安装防爆装置；电器设备选用不当或损坏未及时维修；照明器具电机开关及配线等在危险场合使用，在结构上防爆考虑不充分，有产生火花的危险。

3）浸有油性涂料或溶剂的棉纱、碎布等揩擦物没有及时清理而长期堆积，由于化学反应会渐渐发热以至达到燃点而自燃。

4）施工人员不遵守防火规则，在涂装现场使用明火和吸烟。

5）施工场所没有足够数量的灭火器、黄沙及其他防火工具。

（2）防火措施。防止燃烧条件的产生，不使燃烧件相互结合并发生作用，以及采取限制、削弱燃烧条件发展的办法，阻止火势蔓延，这就是防火的基本原理。为消除火灾隐患，安全操作，应做好以下几点防火工作：

1）完善防火设施。涂装车间所有结构件应采用耐火材料制成，并通风良好。

2）按防爆等级规定安装电器。凡能产生电火花的电器和仪表不得在施工场所使用。此外，电器和机械设备的超负荷运转引起的过热也是潜在的火灾隐患。

所以施工场所的电线、电缆、电动启动装置、配电设备、照明灯等都应符合防爆要求，电动工具和电器部分应搭铁良好。在使用溶剂的直接场所，闸刀开关、配电盘、熔断器、普通电动机及照明开关应安装在室外。

3）严禁烟火。施工场所严禁吸烟，不准携带火种入内。如必须动用明火，只能在规定的安全区域内进行。车间及仓库，都要设立“严禁烟火”的醒目标志。

4）防止冲击火花。涂装过程中应尽量避免敲打、碰撞、冲击、摩擦等操作，因为用铁器开启金属桶、敲击铁制件，甚至鞋底的掌钉与水泥地面摩擦都易产生火花，引起火灾。对于燃点低的涂料或溶剂开桶时，应用非铁工具，如铜制、铝制工具开启，以免产生火花引起燃爆事故。

5）严防静电产生。在涂装施工中，静电通常是火种来源之一。施工时，由于摩擦而产生的静电火花是常被忽视的隐患。为防止静电事故，施工场所的设备、管道、容器都应安装地线。

6）谨防自燃。浸有油性涂料或溶剂的棉纱、碎布等揩擦物，必须放在指定地点。定期销毁，更不许与涂料及溶剂混放同一场所。

7）避免积存过多的涂料。施工现场尽量避免积存过多的涂料与稀释剂，不可将盛涂料的容器开口放置。

8）废料严禁随意排放。作废易燃的溶剂和涂料要集中管理，并在安全场所销毁，严禁倒入下水道。

9）备足灭火器材。施工场所必须备有足够的灭火器、黄沙及其他灭火工具，并定期检查更换。

10）及时灭火。当易燃物遇明火发生燃烧时，应使用扑盖物罩上，或使用灭火器扑灭。若发生较大火灾，应立即报警，立即切断电源、关闭运转的设备和邻近车间门窗，防止蔓延并组织扑救。

(3) 灭火的基本原则。一旦发生火灾，只要消除燃烧条件中的任何一条，火即熄灭。常用的灭火方法有隔离火源、冷却降温和隔绝空气等。

1）隔离火源原则。该原则就是将可燃物与着火源（火场）隔离开来，消除可燃物，燃烧即停止。例如，装盛可燃气体、燃料液体的容器和管道发生着火事故时，或容器管道周围着火时，应立即设法关闭容器与管道的阀门，使可燃物与火源隔离，阻止可燃物进入着火区；或在火场及其邻近的可燃物之间形成一道“水墙”加以隔离；或将可燃物从着火区搬走；采取措施阻拦正在流散的燃料液体进入火场；拆除与火源毗连的易燃建筑物等。

2）冷却降温原则。该原则就是将燃烧物的温度降至着火点（燃点）以下使其燃烧停止，或者将邻近火场的可燃物温度降低，避免形成新的燃烧条件，如常用水或干冰进行降温灭火。

3）隔绝空气原则。该原则就是消除燃烧条件之一的助燃物空气、氧气或其他氧化剂，使燃烧停止。主要是采取措施阻止助燃物进入燃烧区，或者用惰性介质和阻燃性物质冲淡稀释助燃物，使燃烧得不到足够的氧化剂而熄灭。如空气中含氧量低于14%时，木材燃烧即停止。

另外，采取隔绝空气原则的常用措施有将灭火剂如四氯化碳、二氧化碳、泡沫灭火剂等不燃气体或液体，喷洒覆盖在燃烧物的表面上，使之不与助燃物接触；用惰性介质或水蒸气充满容器设备；将正在着火的容器设备严密封闭；用不燃或难燃材料捂盖燃烧物等。

五、防范中毒事故

清洗剂、护理用品、涂料及溶剂大部分都有毒，在喷射时所形成的喷雾、涂膜在干燥过程中所挥发出来的溶剂气体通过人的呼吸道或皮肤渗入人体，对人体神经系统和血液系统产生刺激和破坏作用，会造成头晕、头痛、失眠、乏力和记忆力减退等症状，它还能造成人体血液系统的损害，引起白细胞减少，出现红细胞和血小板降低，以及皮肤干燥、搔痒等症状。为防止发生中毒事故，应采取防护措施。

1. 控制空气中有毒物质的浓度

为确保操作人员身体健康，必须采取有效措施控制空气中有害物质的浓度，使空气中的溶剂蒸气浓度降低到最高许可浓度以下，即长期不损害的安全浓度。一般最高许可浓度是有害物质下限值的1/10～1/2。控制空气中有毒物质浓度具体措施有：

（1）施工场所应有良好的通风和排风换气设备，使空气流通，加速有害气体的散发，使空气中有害气体含量不超过卫生许可浓度。

（2）在采用暖风的情况下，一般不采用循环风。在有害气体浓度不超标的场合才允许部分采用循环风。

（3）含有毒材料的尘雾和气体应经过净化处理后排入大气，排气风管应超出屋顶1m以上。

（4）吸入新鲜空气点和排出废气点之间距离在水平方向不小于10m。

（5）对于毒性大、有害物质含量高的涂料严禁用喷涂方法涂装。

2. 防毒措施

进行防毒宣传教育，既要讲清说明有毒物质对人体的危害性，又要讲清职业毒害是可以防止的，教育施工人员遵守安全操作规程，爱护设备，加强个人防护。

（1）技术人员在操作时，应穿戴好各种防护用具，如专用工作服、手套、面具、口罩和鞋帽，不允许操作人员将工作服穿着离开车间。

（2）操作前穿戴好劳动保护用品，如使用有空气净化器的头罩或面罩。

（3）施工时，如感头痛、眩晕、心悸、恶心时，应立即离开现场到通风处呼吸新鲜空气，严重的应及时治疗。

（4）为防止有毒气体通过肺部吸入人体，在喷涂时要戴附有活性炭的防毒面具。有毒气体还可通过皮肤进入人体而发生危害作用，因此在施工完毕后，要用肥皂洗脸和手。

（5）为保护皮肤，施工前可涂以防护油膏，施工后洗干净，再涂其他润肤油膏保护。

（6）要随时注意个人卫生和保健，不能在施工场所进食、就餐、饮水和吸烟，工作衣物要隔离存放并定期清洗。

（7）工作结束后应先淋浴，换好干净衣服到室外呼吸新鲜空气。还应多喝开水湿润气管，喝水可以增加排毒能力。

思考题：

1. 从业人员是否只需要知道药剂的用途，不需要知道药剂的成分及危害性？
2. 进行汽车美容服务项目是否无需使用任何防护措施

附　　录

附录 A　服务流程及各岗位职责分工图示

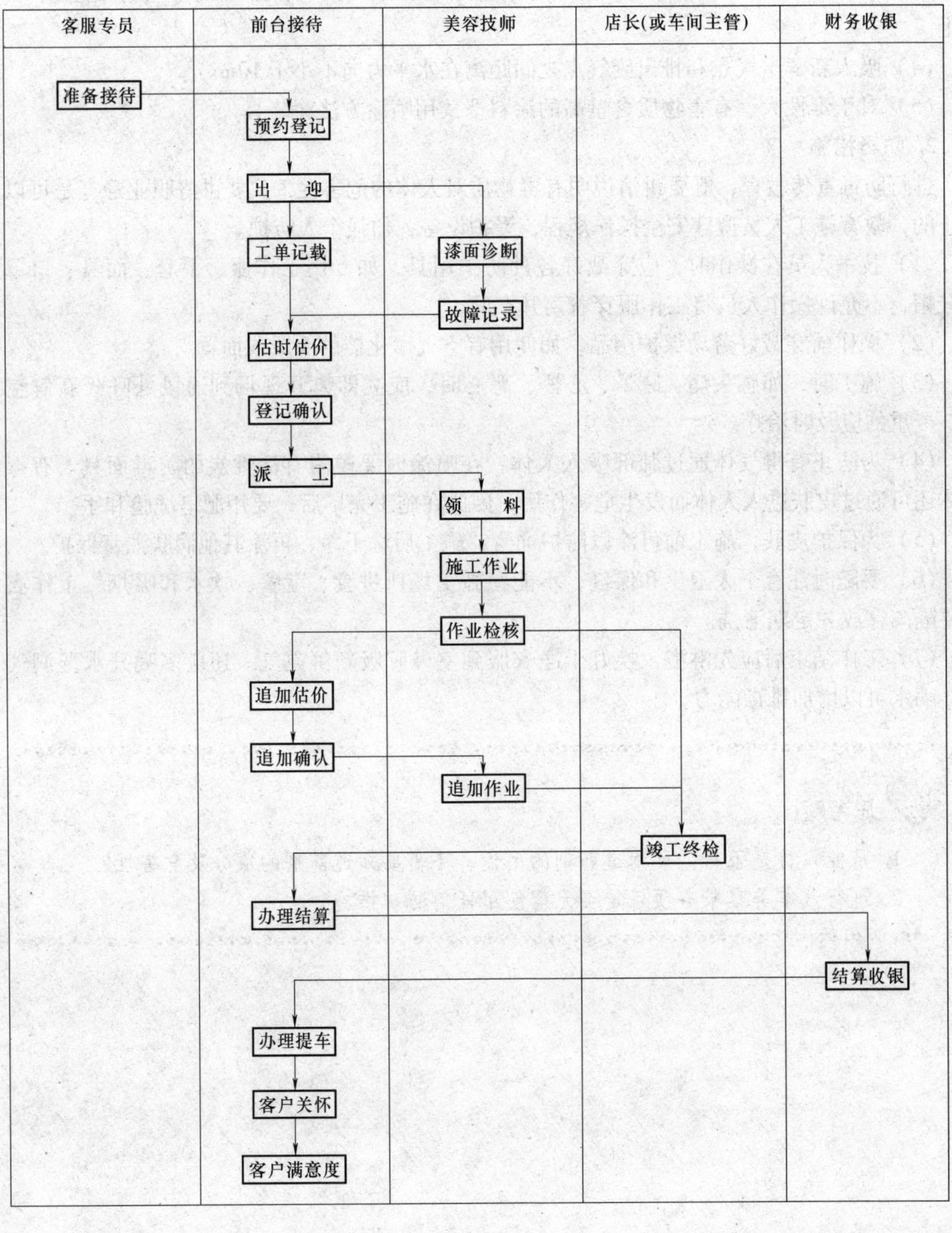

附录 B　服务流程说明

岗位	序号	流　　程	内　　容	工作表单
客服	1.	准备接待	1）下班前准备明天工作将要用的工具（工单、估价单、笔、记事贴、名片、文具等） 2）下班后5S工作（整理、整顿、清洁、清扫、纪律）确认是否完成，客休设施是否到位（报纸、杂志、茶水类，促销宣传影片是否定期更换，每月更换一次影片） 3）确认留厂车辆进度状况 4）个人仪容准备，保持良好的心情迎接一天的工作	客户登记表
前台接待	2.	预约登记	1）预约客户需提前四个小时进行，客户预约需详细登录系统，按照时间配备人手及配件库存确认 2）每天汇整预约客户明细，并打印出来由店长审核；提前一个小时与客户确认时间，回复内容如实登打，直到客户进店处理完毕为止；登记客户主要信息，如车牌号、姓名、电话和预约服务内容 3）成功预约后与客户约定进店时间，减少车主等待时间；需跟踪预约单并提前准备	预约登记表
	3.	出迎	1）客户进店应跑步向前引导客户停车，并携带接车单上前迎接，亲切有礼向客户问好，主动推销自己，递送名片（预约客户要求喊出名字） 2）提醒车主熄火，并拉紧驻车制动器操纵杆，迎接客户下车；登记里程数及确认外观，后交由初检人员作业 3）登记务必确保客户资料齐全性及车籍资料完整性，工单工作内容需详细向客户说明，确认无误方可让客户签字确认；了解客户需求分为三种情况，并按不同方式处理： ① 顾客既不明确服务情况，也不清楚服务价格，需要对车辆进行针对性检测的情况，应建议车辆进行针对性检测后再确定保养维修项目和报价。如果客户同意，则装上防护三件套，填写接车服务单内的基本车辆信息，开车入车间，安排技师实施“漆面诊断”环节工作 ② 顾客明确消费项目，但不清楚价格的情况。则进入第 4 项（项目记录）环节 ③ 顾客明确消费项目，了解并接受收费的情况。则待客户下车后，先装上防护三件套，然后合并完成第 4 项（工单记载）和第 5 项（估时估价）工作，直接进行第 6 项（登记确认）	进店车辆登记表

（续）

岗位	序号	流　　程	内　　容	工作表单
	4.	工单记载	填写接车服务单，根据接车单填制要求进行车辆信息登记，列明客户要求的服务项目	
	5.	估时估价	1）服务项目确认，让客户知道要花多少钱，何时可交车 2）技师追加项目及金额要明确让客户清楚了解，让客户明明白白消费；免费项目多向客户说明，让客户感觉服务人员为他着想 3）引导顾客至客休室，遇到问题随时向客户报告情况	
前台接待	6.	登记确认	1）向顾客报价后，客户经常会讨价还价。这时，应主动引导顾客进行正确消费，已明确价格的项目不进行折扣，未明确价格的项目或有浮动政策的项目，经由店长同意后方可向顾客优惠。超出权限的折扣，应请店长在接车单上进行注明并签字。注意：为了避免发生不必要的误解，报价时，应将某项目的或所有的服务，连同工时及材料费一起合计后，向车主报价 2）完成之前的收费价格确定后，询问顾客是否还有其他需要，如有则进行差价报价，经顾客同意新增到接车单上 3）确认接车服务单的项目价格合计，并签字，然后再请顾客查看并签字确认。客户签字后，如果客户在店里等候，则接车单客户联不交给客户。如果客户需要离店或主动索取接车单，则将接车单客户联交给客户，并告知接车单客户联要作为提车凭证，不要丢失 4）请客户休息和等候完工通知。如顾客想观看施工过程，则由顾客自由活动 5）携带接车单、作业检核单及车钥匙到客户车辆处，装上卫生防护三件套	1）接车服务单 2）免费作业检核单
	7.	派工	1）检查车辆卫生防护是否装好，如没有应先装好 2）代客户驾车进入车间工位 3）根据下单要求信息，通知并分派给作业技师。接待有权合理调度车间技师协助检测和施工，如技师繁忙，可请示店长协调 4）技师到位后，同时将接车服务单、安全检测单及车钥匙移交给技师。注意：移交车辆时，应将驾驶位车窗摇下，防止将钥匙锁在车上，造成不必要的麻烦	

（续）

岗位	序号	流　程	内　容	工作表单
前台接待	8.	追加估价	按技师建议的服务项目，在作业检核单上逐项列明收费价格	1）接车服务单 2）免费作业检核单
	9.	追加确认	1）将免费检测服务单交客户，逐一告知并进行确认，同时可进行建议，客户不接受的项目可划去 2）请客户在检测单上签字确认	
	10.	办理结算	1）从店长处接过车钥匙及随车接车单和作业检核单 2）询问技师车主要求保留的旧件和余料存放位置，并取出（如果较脏应先用塑料袋或纸箱进行包装） 3）将车主指定保留的旧件和余料装上车辆行李箱 4）通知车主到现场看车并确定回收的备件 5）请车主到收银台处办理结算 6）收回车主留存的接车单，即客户联（如车主未领取客户联则省略） 7）按接车单和作业检核单追加项目，快速登录系统完成制单，核对服务项目和应收金额无误后，打印结算单 8）检查是否有促销赠品需赠送，如有则提供给客户 9）将接车单和结算单一起交给收银处，由收银核算收款	
	11.	办理提车	1）核对或与收银确定顾客已完成结算 2）带领车主到车辆处 3）取下车辆卫生防护垫 4）将车钥匙交给车主 5）指引车主驾车离店，向车主礼貌告别	
	12.	客户关怀	1）接待对出厂车辆在两天内进行跟踪回访 2）服务回访根据回访登记表列明的内容和要求进行 3）回访中客户有任何问题及建议必须给予最好答复	1）免费作业检核单 2）客户服务回访登记表
美容技师	13.	漆面诊断	1）根据客户指定的服务项目进行针对性的检测。必要时使用相应的仪器和设备 2）检测工作时，会与车主进行接触。原则上，技师不参与与车主的交流，无法避免时，应礼貌回答，但不做深入讲解	1）接车服务单 2）免费作业检核单

（续）

岗位	序号	流　　程	内　　容	工作表单
美容技师	14.	故障记录	1）检查车主指定现象存在原因，确定是否属于正常 2）对查明的原因，逐一记录在接车服务单“检测说明”栏位置 3）对解决故障所需的配件及耗材逐一列明，然后交由接待立刻进行“项目估价”。与车主一同等待确认后，确定是否进行施工作业。如客户不需要再离开	1）接车服务单 2）免费作业检核单
	15.	领料	技师根据用料计划到陈列区或库房办理物料出库手续	
	16.	施工作业	1）及时按照派工要求严格进行施工作业 2）施工作业前，安装防护三件套（前左右叶子板垫、中网垫） 3）关注施工作业的进度，确保能按照约定时间或提前完工交车	
	17.	作业检核	1）完成车主指定的项目作业之后，方可进行免费检测服务 2）严格按照免费作业检核单所列项目进行检测，并逐一记录 3）逐一填写服务建议所需的配件及服务项目，如果安全检测没有发现异常，则将作业检核单和接车单交车间主管并协同进行“竣工终检” 4）如果发现异常，则将作业检核单和接车单一并移交接待，由接待向车主进行“追加估价” 注意：完成车主指定作业项目后如不影响免费检测，则可暂时不装回车辆相关部件或装饰件。待完成检测后，方可一并完成安装。	
	18.	追加作业	1）车主确定追加作业项目后，立刻进行追加项目作业 2）完成之后，将接车服务单及免费检测单交店长进行“完工总检” 3）如未通过总检，则对未通过项目进行返工 4）如通过总检，则将车钥匙和接车单交店长处。然后，随手将车主要求保留的旧件和余料以及车主购买未用完的余料，装上行李箱（如果较脏应先用干净的塑料袋或纸箱先行进行包装） 5）快速清理施工区，将余料旧件放入指定区域，收拾工具，恢复施工等待状态。地面如有油污，则按要求立刻进行清洁，完成清洁后，方可接待下一辆车入位施工	

（续）

岗位	序号	流　程	内　容	工作表单
店长（或车间主管）	19.	竣工终检	1）店长根据派工单和作业检核单要求，按技术规范和顾客要求对车辆作业结果进行质量检查，发现不足或遗漏，通知技师返工 2）通过终检，应再次检查车辆上是否有遗漏的工具和耗材，并恢复车辆卫生。接过接车单、检测单和车钥匙，并将车驾出车间停车入停车位，拉紧驻车制动器操纵杆、锁好车窗，取出车钥匙和随车单据，锁好车门 3）将车钥匙及随车单据移交该车接待处 注意：如果店长不在店或在忙，本项由前台接待负责。	1）接车服务单 2）免费检测单
财务收银	20.	结算收银	1）收银员收到由接待交来四联接车单和四联结算单后方可进行收款 2）在分别在接车单和结算单上签字，并将结算单交顾客查看和签字 3）收取并当顾客面清点现金 4）将找回的零钱和结算单客户联，双手递交给客户 5）通知接待，为顾客办理提车	1）接车服务单 2）免费检测单 3）结算单 4）发票（如需要）

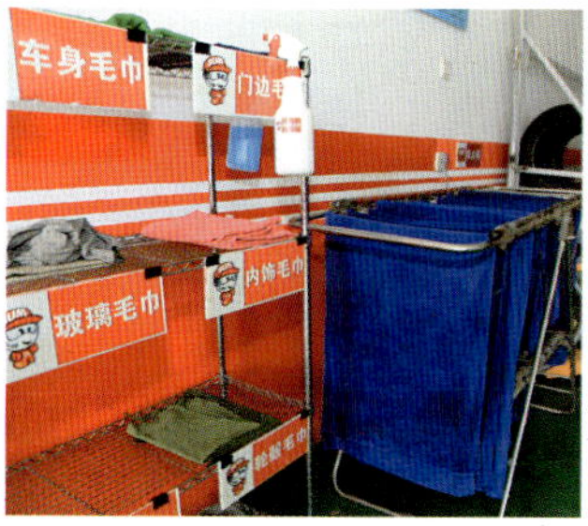

图 2-8　擦拭毛巾分类

图 2-10　清水冲洗车顶

图 2-18　喷洒泡沫

图 2-19　擦洗前风窗玻璃

图 2-23　擦洗后车门上半部

图 2-28　擦洗前照灯

图 2-32　清水冲洗车身

图 2-33　清水冲洗散热器护罩

图 2-34　擦拭前保险杠处

图 2-36　擦拭前风窗玻璃

图 2-39　擦拭后保险杠处

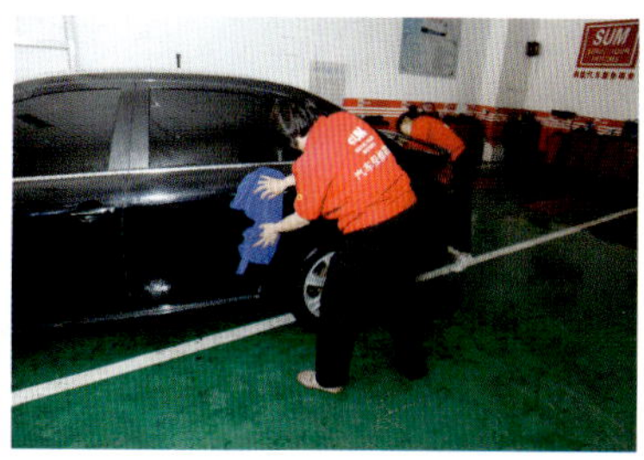

图 2-41　擦拭后车门

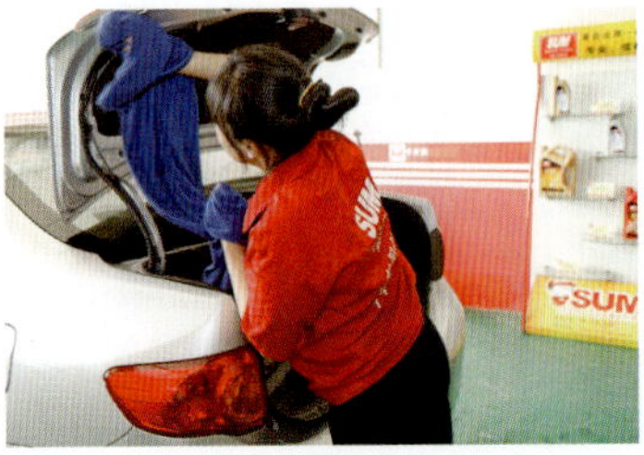

图 2-42　擦拭后行李箱盖内侧

图 2-46　擦拭迎宾踏板

图 2-51　擦拭前保险杠内缘

图 2-53　擦拭轮毂内缘

图 2-59　去除玻璃油渍

图 2-60　去除玻璃油渍前

图 2-61　去除玻璃油渍后

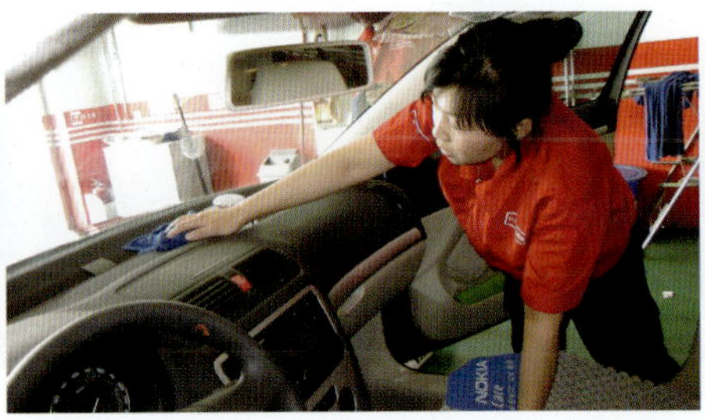

图 2-62　仪表板清洁

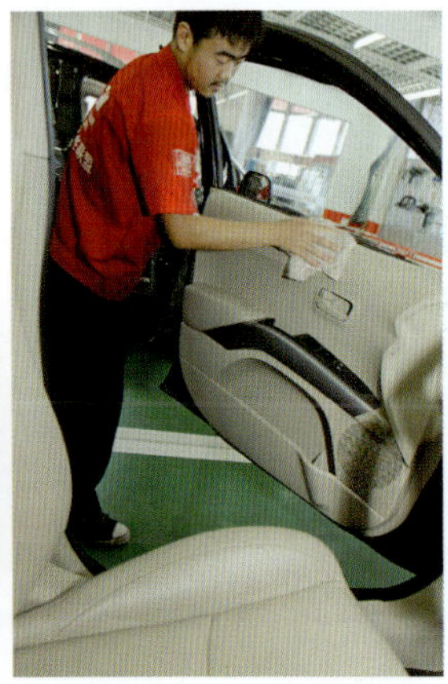

图 2-64　门内饰板上缘

图 2-95　清洗发动机室前

图 2-96　喷洒专用清洁剂

图 2-97　采用毛刷处理塑料零件

图 2-99　高压清洗发动机室

图 2-101　利用干布擦拭及喷上保护剂

图 2-102　竣工完成图

图 3-6　美容施工前准备工作（一）

图 3-7　美容施工前准备工作（二）

图 3-8　美容施工前准备工作（三）

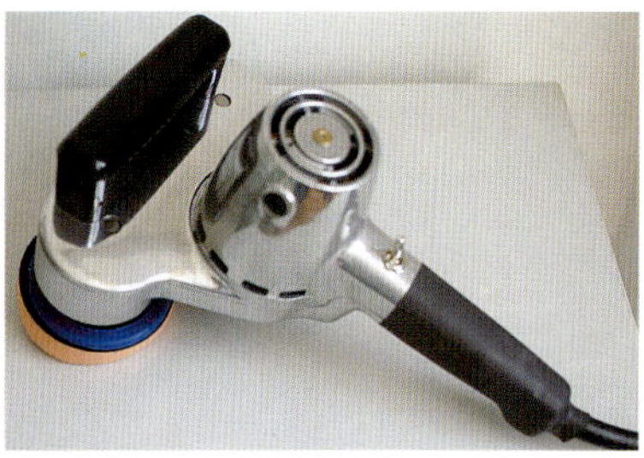

图 3-12　双轮电动研磨机背面

图 3-13　简易型气动研磨机

图 3-14　各式研磨盘、抛光盘

图 3-47　进行研磨

图 3-51　局部抛光

图 3-52　上蜡

图 3-55　风枪吹除蜡粉

利用双轴式抛光机进行抛光

抛光后检查漆面效果

研磨抛光施工前

多人同时进行研磨

多人同时进行抛光

研磨、 抛光、 保护剂完工图

研磨抛光施工前

研磨抛光施工后

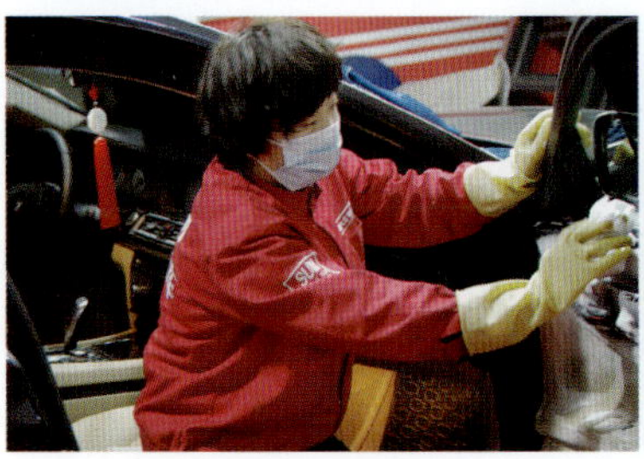

内饰门板清洗

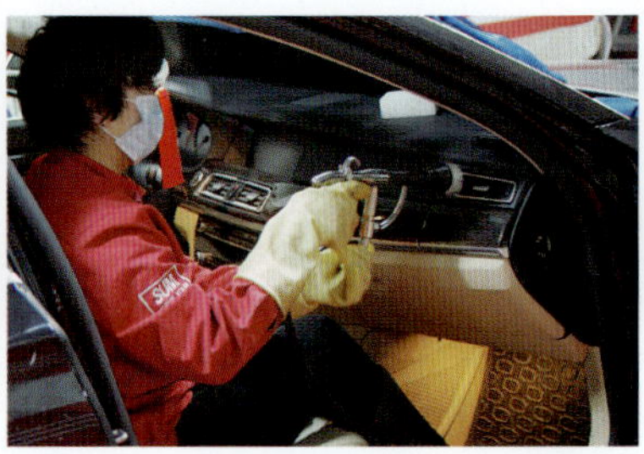

内饰仪表台清洗

内饰仪表台进行消毒